JN102096

フェアな民主主義へ

フェアな民主主義へ

——地方自治のリアル

奈須りえ

水声社

目次

はじめに

「民主主義というのは、公平な政治のしくみなのに、なぜ『フェア』という言葉をつけているのですか?」と、聞かれることがあります。

私たちが生きるうえで影響のある大切なことを、選挙で選ばれた議員が議会で議論して決めています。ですから、私たちの大切な想いや願いは、投票を通じて、議会での意思決定として、社会を良くするための制度というかたちで伝わるしくみになっているはず、です。

私があえて「フェア」という言葉を掲げているのは、それが実現していないのではないか、もっと民主主義を良くする必要があるのではないか、と常々考えているからです。

日本国憲法は、私たち国民に主権があるとうたっています。主権はあっても、使えなければ、絵に描いた餅です。

議員になって初めて議会に参加してみて、何から何まで驚きました。どうしてこんな大切なことが決められているのに、なんで私は、選挙で選んだ議員が決めていることは自分たちの暮らしに大きく影響していることを知らなかったのだろう、と思ったからです。

少しすると、行政が議会に提案・報告する議案や方針などがいつも一つしかないことに気がつきました。行政が出す内容の意味がわかるようになり、必ずしもそれが一番良い案だと思えないものがある、ということが見えてきたからです。

そもそも、そうした提案は、誰の「発意」で出されたものなのかも、気になるようになりました。というのも、それまで議会で議論されたことも、区民が望んでいると聞いたこともないようなことについて、提案されることが少なくないからです。

ところが、提案されたことは、少しの変更もなく、そのまま議決されます。私の記憶では、送付されてから上程されず取り下げられたのが、二回あっただけです。そのうちの一回は、私が矛盾を指摘して取り下げとなりました。もう一回は、区長が三期でやめるとうたった条例です。その後この条例は提案した区長の任期に限り有効な条例として出されましたが、最終的には議員提案で廃止され、区長は四期めをつとめました。

議会が、たった一つの提案を、多数決で「可決」する場になっているのだとすれば、多数派が正しいときはそれでうまくいきますが、多数意見で進められている政策が誤りだとわかったとき、是正しにくい仕組みだと思うようになりました。

民主主義の良いところは、多様な意見の中から一番良いもの、問題の少ないものを選べるところだと思います。それが、情報提供のあり方や議会でのルールや選挙のしくみのせいで、少数意見を選びにくくなっているのだとしたら、選挙を行っていても、多数決に則っていても「フェアな」民主主義ではないと思います。

そう思っていたころ、規制改革事項のアイデアを有識者からヒアリングする国家戦略特区ワーキンググループの議事録に、

「日本の既得権の体系というのは、大きくて固くて崩しにくいのではない。細かいから崩しにくい。……それは、既得権者はみんな悪党ではなく、ごくごく善良な市民だからである。善良な市民の本当にささやかな既得権を覆すのは本当に難しい。どうこの種の既得権に御遠慮願えばいいか」

「大企業のホワイトカラーなどというのは、大金持ちではないけれども、雇用慣行という既得権によって守られている」

「火事場だという認識を作り、平常のルーチンはスキップさせてもらうことは、とても重要」

という趣旨の記録を見つけました。

規制改革会議のエネルギーワーキング・グループの座長で答申をまとめた中央大学大学院法務研究科教授、安念潤司氏の発言です。

この議事録を読んで、規制改革というのが、私たちの大切な権利を奪おうとしているのだと知りました。だから、どう考えても私たちのためにならない法改正に伴う条例改正や議案なども提案されていたのです。それから私は、出された議案や予算を審議するときには、良い案だという提案者の言葉を鵜呑みにせず、疑いの目をもって調査するようになりました。

二〇一六年に『やっぱりあきらめられない民主主義』という本を内田樹さん、平川克美さんと共著で出すことができました。都議選に落選した後、大阪都構想の運動で元大阪市長の平松邦夫さんと知り合いになり、内田樹さんをご紹介いただきました。

内田樹さんの著書『憲法の「空語」を充たすために』(かもがわ出版)の「まえがき」に、「立法府が機能不全に陥り、行政府が立法府の機能を代行する状態のことを『独裁』と言います。日本はいま民主制から独裁制に移行しつつある。有権者はそれをぼんやり見ている。ぼんやり見ているどころか、それを『好ましいことだ』と思っている人間が国民の半数近くに上っている」と書かれていて、その時の私の気持ちをよく表していました。そこで、内田樹さんと平川克美さんに講演をお願いしました。

講演のタイトルは、迷わず「やっぱりあきらめられない民主主義」としました。内田さんは、講演の冒頭にこのタイトルにふれながら、「『やっぱりあきらめられない』ということは、つまり、『かなりあきらめている』ということなんです(笑)」と言われ、衝撃を受けました。自分は、「かなりあきらめているのだ」と、あらためて言葉で突き付けられたからです。

当時、多数意見に少数意見でどう対抗しても、数で押し切られてしまい、「理解し同意する区民や議員の数が多ければ、多くの理解を得られるに違いない」という意味で〝あきらめられない〟思いでしたが、今は、その少数意見の発言の機会さえなくなろうとしています。

「行政府が立法府の機能を代行する状態のことを『独裁』と言う」と、内田樹さんは、政治の問題の本質を表現しましたが、いま、行政と議会(立法府)の機能を、株主の意向で動く企業が国家戦略特区や包括連携協定といったしくみを通して代行するようになってきています。しかも、行政自らが、「公民連携」という名のもと、積極的に「株主遠隔操作的代行」の中に進んでいます。結果、内田樹さん曰く「独裁」へと一歩一歩近づいているように見えます。

そういう意味で、いま、日本の民主主義は、さらに厳しい場所に立たされていると思っています。地方議会のリアルにふれていただくことが、みなさんの政治への興味・関心につながり、その想いや声が政治に反映されれば民主主義はもっと良くなると思います。この本が「フェアな民主主義」という希望につながることを期待しています。

第一章　私たちはどこへ向かおうとしているか――自治体だから見える明日の日本

この本を開いたあなたは、地方自治体の政治にどのような印象をもっていらっしゃるでしょうか。私自身、「議員になりませんか」と言われるまで、選挙になれば投票はしていましたが、議会を傍聴したことも、議員と会って話したこともありませんでした。政治については、社会科の授業で学んだ程度で、ほとんどわかっていませんでした。

だからと言って、政治が嫌いだったわけでもありません。選挙が近くなれば、テレビや新聞の情報を気にし始め、投票前日かその日の朝には、一所懸命、選挙公報に目を通し、これと思う候補者を選んで投票していたので、自分は有権者の責任を果たしていると思っていました。

今から思うと、当時の私がきちんと候補者を選べていたかは疑問が残りますが、それ以外に政治に関する情報が得られるとも思っていませんでしたし、そもそも、得ようという発想がありませんでした。

「議員になりませんか」と言われたとき、私は、「議員って一体、何をするんですか？」と聞き返してしまったくらい、地方自治体議員が何をしているのか、わかっていなかったのです。

議会のしくみも知らず、政策についても、専門的な知識はほとんどありませんでした。議員になった当初は、使われている言葉も専門的で耳慣れないものばかりで、理解するのに苦労しました。

登壇して質問し、行政の答弁を聴いているときは、良い答弁だと思っていても、あとから答弁書をよく読み返したら、何一つ実になる答弁になっていなかった、ということもしょっちゅうでした。

一問一答形式の質問で、納得できない答弁があると、その部分を突っ込んだり、追いかけて質問したりできるようになるまでには、時間がかかりました。

議会での発言は公式の記録として永久に保存されます。だからこそ、事前の準備はしっかりとします。ただ、いくら入念に準備をしたとしても、登壇している間は誰にも頼れませんから、本当に孤独です。

人生で初めて本会議場で質問した時には、冷汗が自分の髪を伝ってぽたり、ぽたり、と演台に落ちるのが見えたほど、緊張しました。まさかこれほどまでに緊張するものとは思わず、流れ落ちる汗をどうすることもできなくて、本当に困りました。その時の経験から、登壇するときは必ずハンカチを用意しています。

二十年近く経った今も、登壇するときの緊張は、変わりません。

議員になるために、これといった勉強方法はないように思います。私の場合、議会に毎回送付される予算や議案の一つ一つについて、「提案する執行部の説明を鵜呑みにせず」に、手を抜くことなく、納得のいくまで勉強する、ということを積み重ねてきました。

その時その時には、時間ばかりかかって無駄に思えるようなこともありましたが、何年も経って、それが大切な意味を持っているのだと気づかされることも数多くありました。

そうやって、年に四回の定例会と、予算・決算の特別委員会と臨時会、毎月の常任委員会と特別委員会に取り組むうちに、私が地方自治体議員になって二十年が経とうとしています。

こうして、改めてふり返ってみますと、本当に多くのことが大田区で起き、その度に発言してきたと思います。

どうしても、区市町村議会や議員よりも都道府県議会や議員、都道府県議会や議員よりも国会や国会議員の方が「上」と見られることが多いのですが、区議会議員を務めていたからこそ、見えてきた国政や都政の課題があったと実感しています。国から区市町村の政策的な課題はなかなか見えてきませんが、国が作った税制や法律は、住民ひとりひとりの暮らしに影響を及ぼしますから、住民に一番身近な自治体だからこそ見えることがあるのです。

そのうえ、私が議員を務める大田区は、日本経済の中心である東京の、中でも一番税収が集まる特別区という特殊な公共団体です。

しかも大田区には、空港があり、一級河川の多摩川があり、臨海部には埋め立て地もあります。

地方議員だったからこそ、東京二十三区の特別区の議員だったからこそ、国際空港のある大田区だったからこそ、見えてきた区政の課題がたくさんあります。

それらは、同時に、都政や国政の問題であるものも少なくありません。

しかも、私が議員に初当選したのは、二〇〇三年。ちょうど、小泉構造改革の新自由主義的政策が始まろうとしていた時期と重なります。

奇しくも、いま、国は「新しい資本主義のグランドデザイン及び実行計画（案）」の中で、新自由主義を次のように評価しています。「一九八〇年代から二〇〇〇年代にかけて、市場や競争に任せればうまくいくという『新自由主義』と呼ばれる考え方が台頭し、グローバル化が進展することで経済は活力を取り戻し、世界経済が大きく成長した」と、経済は良くなったと言っています。一方で、「経済的格差の拡大、気候変動問題の深刻化、過度な海外依存による経済安全保障リスクの増大、人口集中による都市問題の顕在化」といった市場の失敗を招いたことを認めています。「新しい資本主義」は、新自由主義を効果あるものとした上での取り組みだということです。

このグランドデザインの文だけ読むと、なんとなく「市場に任せ」、「グローバル化が進展」したら市場の失敗による弊害が生まれたというように読めますが、市場で行われている経済活動は、法でつくられた規制に従って動いています。

「一九八〇年代から二〇〇〇年代にかけて」経済活動を市場に任せるように、グローバル化が進むように、政治が法規制を変えてきたから「経済が活力を取り戻し」「世界経済が大きく成長し」「弊害を招いた」ということです。

安全規制、環境規制、労働規制、参入規制……多くの規制は私たちの人権を経済活動から守る役割を担っていますから、それを取り払えば、私たちは守られなくなります。一方、規制を守ることはコストを伴いますから、守らなくてよくなれば、その分経済利益が増大します。

　無機的な「市場に任せる」や「グローバル化する」といった言葉に、人の暮らしは見えてきませんが、それらが大田区の制度やしくみの中に入り込んできたとき、市場化した行政やグローバル化した経済は、私たちの暮らしに影響を及ぼします。本書では、大田区で起きた問題について取り上げながら、自治体の政治が私たちの暮らしにどう深くかかわっているのかについて、お伝えしていこうと思います。

　これまで取り組んできたことをふり返ると、それまで日本を支えてきた構造が変化を迎え、新自由主義的な政策を行うようになり、それに対して私は異議を唱えてきたのだということが見えてきました。

　その転換点となった小泉構造改革と言えば、〝国から地方へ〟の「地方分権」、〝官から民へ〟の「民営化」、「規制緩和」が大きな柱だと思います。

　小泉構造改革は、格差だけでなく、私たちに分断をもたらしてきました。政治が講じた新型コロナウイルスの感染予防策が、さらにそこに追い打ちをかけています。

　人とのつながりの薄れた社会は、民主主義の最も重要な合意形成を難しくします。合意形成なき民主主義は、もう、民主主義とは呼べないのではないでしょうか。

　そうならないために、地方議員になってから二十年の経験をもとに、選挙と多数決だけでは守れない私の考える「フェアな民主主義」についてお話ししたいと思います。

　法律や制度や事業は、変わったり、できたりしたその時に、社会を一変させるわけではありません。しくみが変わり、お金の流れが変わり、人の暮らしに影響が及ぶまでには時間がかかります。

議員になった一期目も半ばを過ぎたころに、幹部職員から「(奈須の言っていることは) 十年早い」と言われたのが印象に残っています。その後も、私の発言したことが、言ったとおりになっていくことに驚かれる区民のみなさんも少なくありません。それは、私が日頃から議会という法令改廃の現場にいて、区民のみなさんよりも、一足先に、法律や制度の変化を見ているからこそできていることで、それが住民生活にどう影響を及ぼし効果をもたらすのか、マイナスの面を含めて、注意深く見るようにしているからです。

説明によく使われる、わかりやすくキャッチーな図表やイメージ写真は、法的根拠にならず、現実は法文などに従って動きます。そこを見るのが議員の仕事ですから、当たり前と言えば当たり前なのです。

リアルな自治体政治を見ていただくことで、この本を手にしているあなたと政治との距離を少しでも縮める後押しとなれば幸いです。

第二章　専業主婦が議員になるまで

議員になったきっかけ

「議員になりませんか？」というお誘いをいただいたのは、二〇〇一年に行われた、児童館の民間委託に事業者として応募したことがきっかけでした。

大田区は、児童館を初めて民間に委託するに際し、応募者に企画書を提出させ、その内容を区民の前でプレゼンテーションさせました。そこで大勢の方と知り合いました。

残念ながら私の企画は選ばれませんでしたが、このプレゼンテーションをきっかけに、子育て支援活動をする区民のみなさんと知り合うことができ、私も子育て支援活動に参加するようになりました。その活動をしているなかで、「議員になりませんか？」というお声掛けをいただいたのです。

自治体議員が何をするものなのかよくわからなかったので、「議員は何をするのですか？」と尋ねると、「あなたの作りたい児童館を作ることができますよ」とお答えいただき、それならやってみても良いかもしれない、と思ったことを覚えています。

こうした経緯から私は議員になったわけですが、そもそも、なぜ私が児童館の民間委託に応募したのか、その背景について少しお話ししようと思います。

出産退職を経て、夫の転勤に伴い地方や海外で暮らした後、東京に戻ってきてみると、家族や友だちのいる東京よりも地方や海外のほうが子育てしやすく、地方や海外には東京にはない良いところがあったことに気がつかされました。

それで大田区報で上池台児童館の民間委託事業者募集の記事を見つけたとき、この地方や海外での子育ての経験を活かせないかと思って、思いきって事業者に応募しました。

当時の私は、子育ての経験を活かした仕事を始めたいという気持ちがとても強かったのです。

議員になった今では、行きすぎた民営化や民間委託に課題があると発言するようになりましたが、議員になるきっかけが民間委託だったというのも、不思議な縁だと思っています。

あの時、大田区が公開プレゼンテーションの機会を設けていなければ、私は、市民活動をしている方たちと知り合うこともなく、議員にもなっていなかっただろうと思います。

香港で刺激を受け

また仕事を始めたいという私の気持ちが強かったのは、香港での生活が大きく関係していました。夫の赴任に伴って訪れた一九九二―九七年当時の香港は、一九九七年のイギリスからの返還直前で、世界中からビジネスチャンスを求める人たちが集まって活気づいていました。翌九三年に香港で双子を出産した私は、子育てを通じて、同じように世界中から集まってきた方たちと知り合い、たくさんの刺激を受けることになります。

香港で暮らしていて気がついたのは、ママ友の多くが仕事を持っていたということです。専業主婦は、日本人と韓国人に多いように感じました。そうしたママ友の多くが、今は育児中だが、育児がひと段落したら、もしくは帰国したら、また働き始めるつもりだ、と言っていました。経営している会社を友人に任せているが、いずれ復帰する、国に戻ったら、大学に通って知識をブラッシュアップして仕事に戻る、などなど、みなさん明確なライフプランを描いていました。

私はと言えば、子どもが手を離れたらそのうちまた働き始めようかな、となんとなく思っていただけでしたから、ママ友の考えに大いに触発されました。

香港は、エリアによって、西洋人が多いところ、東洋人が多いところ、現地人が多いところなど、なんとなく住み分けがありました。当時、日本人駐在員とその家族の多くは、日系のスーパーに通いやすくて地下鉄の駅から近いマンション群に住んでいました。お子さんのいる駐在員家族は、日本人学校のバスが迎えに来るアパートを選んでいました。香港日本人学校は、車でなければ通えないところにあったからです。

住まいを選んだ理由は買い物や通勤・通学に便利だったからだと思いますが、会社が社員に用意していた家賃の上限が違うことも、香港にいて感じるようになりました。欧米人の暮らす地域の家賃相場が高かったからです。

日本人が暮らしている地域が変わってきていることにも気づきました。日系スーパーがあったから、通勤・通学に便利だから、という理由もあったでしょうが、かつて日本人駐在員が多く暮らしていたアパートより、新しく住み始めた地域のほうが住宅面積が小さくなってきていて、日本の住宅とあまり変わらない環境になってきていました。

香港には、現地の方たちが通う学校、外国人が通うインターナショナルスクール、当時英国人が通う公立学校イングリッシュ・スクールズ・ファウンデーション（ESF）などがありました。多くのインターナショナルスクールが校庭などの施設が充実しているのに対して、日本人学校は校庭がないことに驚きました。日本人学校について、国は基本的に、「海外教育は、第一義的には在留邦人の自助努力によって行われるもので、海外教育を実施するために設けられている日本人学校や補習授業校などは、在留邦人が同伴する子供の教育のために、在留邦人が共同して運営・管理する」ものと考えていて、国からの補助は校舎賃料や教師の給料の一部などに限られていたため、施設などが他国のインターナショナルスクールに比べ、見劣りしたのかもしれません。

その後、校庭のある日本人学校ができたのは、私が帰国した一九九七年（香港返還の年）に、国際学級を併設した大埔校が開校したときです。

校庭のない日本人学校、園庭のない保育園、屋上を校庭代わりに使っている現地の学校を見て、大変驚きましたが、帰国したら日本にも校庭のない学校ができていました。議員になって少しすると、認可保育園でも園庭を設けないことが許されるようになりました。

屋台のおかゆや飲茶（やむちゃ）などで朝食を済ませ、昼も夜も外食する人が多い香港では、当時から、キッチンのないアパートがありましたが、最近、日本でもトイレやキッチンが共有のシェアハウスが増えてきていて、当時の香港のアパートを思い起こすことがあります。

平地が少なく、切り立った山の斜面に高層アパートが立ち並ぶ香港は、当時返還バブルで不動産価格が高騰していました。キッチンのないアパートも、校庭がない学校も、そういう意味では仕方のない面もあったかと思いますが、一方で、返還前の英国の公立校は、校庭もプールもありましたし、広大な敷地に建つインターナショナルスクールもありましたから、経済力やシステムの違いがあったことがわかります。たとえば、米国系インターナショナルスクールのＨＫＩＳは企業の資金で設立・運営されていて、その企業のこどもは低額で通えましたが、そうでないこどもの学費は非常に高額でした。

日本はバブル景気でエンパイアステートビルを買ったりしていたお金持ちの国という印象が強く、香港に行ったときにも日本は相変わらず経済大国だと思い込んでいた当時の私は、そうした違いを目の当たりにして、もしかすると日本は、思ったほどにはお金持ちではないのかもしれない、と大きな衝撃を覚えました。国と企業と個人の違いを意識していなかったのです。

こうした香港での経験が、帰国したら仕事を始めたいという想いを強くさせたのだと思います。

一九九七年の帰国直後に、タイのバーツ切り下げにはじまったアジア通貨危機や、北海道拓殖銀行の破綻や山一證券の自主廃業など国内でも金融危機が起き、ますます働きたい気持ちが大きくなりました。五年弱、日本を離れている間に、日本は大変なことになっている、と感じたのです。それが、私のなかで児童館民間委託の事業者募集への応募につながっています。

その後、議員になってから更に、さまざまな場面で、日本の置かれている状況が当時の香港と似ているのではないかと直感する場面が増えてきています。

園庭のない認可保育園の開園が許されるようになり、まちの案内が複数の言語で表記されるようになり、キッチンのないアパートやシェアハウスができ始め、世界各国から外国人が日本に働きに来るようになりました。

良いこと、悪いこと、どちらか判断のつかないこともありますが、植民地香港と日本の共通点は何を意味しているのか、考えてしまうことがあります。

いくつかの偶然から地方議員という道へ

議員にならないかというお誘いを受けた私は、働きたいという気持ちも大きく、私の作りたい児童館が作れると聞いて、そういう道も良いのではないかと思いました。

そうは言っても会社に勤めるのとは違いますから、いろいろな方にご相談しました。

女性議員が少ない理由に、政治というハードルや、性別役割分担意識、経済的な理由があげられますが、私の場合、いくつかの偶然が重なって、最終的に周囲の理解を得られたのはとても大きかったと思います。

そういう意味では、夫の母親というのも一つのハードルだったのかもしれませんが、夫の母に相談すると、あっけないほど、すんなりと理解して応援してくれました。

夫の母は、自身の通院時の長い待ち時間を活かして、何かできないかと自ら病院に申し入れ、入院中のお子さんなどに勉強を教えたり、食事のお手伝いなどをしたりする病院ボランティアをしていました。日本の病院ボランティアの先駆けのような存在で、広尾の日赤病院で活動を始めましたが、同窓会誌にボランティア仲間を募るなどして活動を続けているうちに、新聞や雑誌、テレビなどで取り上げられるようになり、済生会中央病院、都立広尾病院など、活動の場を広げました。関東地区病院ボランティアの会の代表委員やボランティア活動推進国際協議会（ＩＡＶＥ）日本の理事を務めたこともあります。

議員になることを応援してくれていた義母でしたが、議員活動については褒められた記憶がありません。珍しくほめられたなあ、と思っていたら、その数日後に突然亡くなってしまいました。

葬儀の席で、多くの義母の友人から、義母が、私を自慢に思っていたと聞きました。義母は、私が思っていた以上に、女性が政治に携わっていることを応援してくれていたのだと思うと、義母と生前、なぜもっと政治について語り合わなかったのかと、残念に思います。

一方、夫は、必ずしも賛成ではないように見えましたが、私との関係を悪くしたくない気持ちがあったのでしょう。頭から反対はしませんでした。その代わりに、周囲に聴いてみようということになり、私の知り合いでもある、夫の友人知人に会って相談することになりました。

何人かに集まっていただき、意見を求めたところ、みな賛成で、逆に夫が友人たちから説得されてしまいました。

夫は、友人に相談すれば、議員になることの難しさから、やめるように私を説得してくれるものと思っていたのかもしれませんが、逆に後押しされてしまったのです。

もう一つの相談先は、夫の勤め先でした。

当時私は専業主婦でしたから、ここで難色を示されたら、さすがに難しいかもしれない……と思っていました。

ところが、「こういう話があるのですが……」と相談を持ち掛けると、相談相手のお連れ合いが地方自治体議員だったので、なんとここでも、逆に後押しされることになってしまいました。

プレゼンテーションの機会がなければ、市民の政治参加が大切だと日頃からアンテナを張っていた区民と出会うことはありませんでした。出会ったとしても、家族の反対にあったかもしれませんが、夫の母は理解のある人で後押ししてくれました。

相談した友だちの中には議員もいたので、議員の世界の難しさを言われれば、二の足を踏んだかもしれませんが、友人たちは「断るなど言語道断」と、夫を説得する側に立ったので、逆に私の気持ちもそちらに大きく傾きました。

それでも、夫の勤めていた会社が反対すれば、そこから先には進まなかったかもしれませんが、相談した人事の方のお連れ合いが地方議員という、滅多にない偶然により、逆に断る理由がなくなってしまったのです。

いま思うと、その時の私は、議員という選択肢を当たり前のように選んでいましたが、いくつもの偶然が重なっていたからで、そのどれか一つでも欠けていたら、議員になっていなかったかもしれません。

自分自身、本当に不思議なめぐりあわせだと思います。

選挙というハードル

私が議員になることを決めたのは、いまから二十年以上も前のことです。女性の社会進出も進み、政治への理解もそれなりに進んだかもしれません。いまは、家族や友人や会社の理解などが、当時ほど、政治の世界に飛び込む際のハードルになっていないかもしれません。

一般論で言えば、政治への理解も、女性の社会進出への理解も進んでいるように見えますが、自ら議員になって社会を良くしようと考える人にとって、別の視点からみれば、ハードルは依然として高いかもしれません。

いまは、多くの女性が、自分で自分の暮らしを経済的に支えなければならない状況ですから、選挙のために仕事をやめると、とたんに収入が途絶えます。仕事をやめて飛び込んで、当選すればよいですが、落選したら経済的な支えを失います。

結婚していても、男女が働き、二人で家庭生活を経済的に支えていますから、家族の理解や政治への考え方以前に、政治の世界に女性（だけでなく男性もですが）が入ることを決断するためには、経済的な問題が大きいと思います。

そのうえ、子育て中であれば、誰が保育園の送り迎えをするか、こどもが一人になった時はどうするかなど、保育園はある程度整備されたかもしれませんが、問題は変わっていないと思います。

さらに高いのが、選挙というハードルだと思います。

選挙にはいわゆる「地盤看板かばん」、つまり組織、知名度、経済力の三つが選挙には必要だと言われています。

裏をかえせば、今の選挙が政策選択になっていないということだと思います。

供託金が高いということも指摘されていますが、たとえ供託金が安かったとしても、「地盤看板かばん」に左右されてしまうと思います。政策と名前を覚えてもらうためには、手間とお金がどうしてもかかるからです。政党に所属していれば、メディアで流れる情報によってどんな主張をしているのか、だいたいは見当がつきますが、無所属ですと主張を伝えるのも大変です。

国会議員は小選挙区制だと、ひとつの選挙区で一人しか当選できません。地方議会は、たとえば大田区議会は五〇人の定数ですから、国政選挙に比べて、より多様な考えの人が当選する可能性があります。

民主主義というのは、多様な意見の中から、より良いもの、より問題の少ないものを選べるところが良い点だと私は思っています。そういう意味で、地方議会は、国政選挙と違い、より多様な意見を出し合いながら議論できる場になる可能性があると考えています。

ところが、小選挙区制をとっている国政がそうであるように、今の日本の議会制民主主義のしくみは、少数派の意見を選びにくい環境になっていますし、昨今の大田区議会では、より少数意見を選びにくくなってきていると感じています。

選ぶためには、その情報が選択肢に入っていなければ選ぶことができません。普段目にする政治に関する情報の多くは国政の情報で、そうなると、どうしても政党の情報が多くなります。

あるときまで、私は歌の趣味が良いと自負していました。好きになる歌が次々とヒットするからです。ところが、自分がその時々に発売された曲を全て聴いて、その中から一番好きな歌を選んでいるわけではないことに気づきました。

好きな歌を選んでいたのではなく、ドラマの主題歌やCMソング、ラジオなどで聴かされた歌を好きになっていたのです。曲をヒットさせようとする人たちのプロモーション戦略にまんまとはまってその歌を好きになっていたわけです。

それ自体、悪いことではありませんが、政治の場合はどうなのだろうか、と気になり始めました。程度の差はあれ、大切な選択の場面で、自分で選んでいるようで「選ばされている」ことは、意外と多いのではないでしょうか。

毎日、さまざまな場所でいろいろな問題が起きますが、テレビや新聞で取り上げられる事件や話題は、誰がその重要度を決めているのでしょう。

さまざまなメディアがありながら、同じ事件を、同じ視点で連日のように、あるいは一日のうちで何度も繰り返し報道することもあれば、大切だと思う出来事や問題が取り上げられないこともあります。

メディアの価値観と「私」の価値観が必ずしも同じではないということです。

私自身、メディアの記者の方に情報提供をしても、取り上げていただけなかった経験は、たくさんあります。情報を提供した方に、「ほかに明るいニュースはないですか」と言われて、がっかりしたこともあります。その方にとっては、大田区政の問題よりも、地域のイベントなどの情報のほうが欲しかったということです。

二時間近くも取材を受けたにもかかわらず、いざテレビで流れると、私が一番伝えたかったことは小さく取り扱われ、番組が作った対立構造に組み込まれていたこともありました。住民集会終了後、取材に来ていた記者が住民の一人に取材しているのを聞いていたら、繰り返し質問が続き、あるひと言を口にしたら終わりました。そのひと言を聞き出すために質問を変えて聞き続けていたのです。

羽田空港跡地開発について調査し、問題点を発信していたところ、ある新聞記者から「一面に掲載します」と言われて、記事が出るのを待っていましたが、上からストップがかかったという理由で、掲載が見送られたこともありました。

紙面や時間には限りがあり、メディアが伝えたいことや、伝えることの目的もさまざまで、記者と私の価値観が同じでないだけでなく、会社として別の判断もあるのだと思います。

そういうことを何度も経験すると、メディアが大切なことから順に取り上げるわけではないことも見えてきます。そして、重要なのは、メディアに載せてもらうことではなく、私が何をどう考えるかだ、と思うようになりました。

ネットの時代と言いますが、ＳＮＳに投稿すれば、必ず「バズる」わけでもありません。フォロワーの数はお金で買える時代になっていますし、一人の人間がたくさんのアカウントを持っている場合もあります。

ＳＥＯ対策をすれば、検索結果の上位に特定の情報が出るようにすることも、逆に見えにくくすることも可能です。

政治の情報といえば、行政の情報は区報などで配られるので、目にする方もいると思いますが、区報や市報などは執行する行政が発信するものですから、行政が自らにとってマイナスとなる情報を出すことはまずありません。

それでは、与野党がいる議会の情報はどうかと言えば、たとえば大田区議会の議会報である「区議会だより」は、交渉会派という五人以上の会派の代表が編集することになっていて、少数会派はその編集には携われません。「区議会だより」には、意見の分かれた議案については各会派の態度が一覧表にまとめられて掲載されていますが、議案についての説明もなければ、なぜ賛成か、なぜ反対か、といった意見の内容も掲載されていません。

議題と賛成・反対を示す○×の表だけでは、区民はその内容を知ることはできません。議会での議案に対する議論の意義や詳細が伝わらなければ、それがどれだけ大切なことなのか、区民は知りようがありません。紙面を増やして区議会の情報をもっと載せるべきだと思っていても、議案の賛否が分かれた理由を掲載すべきだと思っていても、少数会派の私は話し合いにも入れません。

地方議会の議員は、個人名を書いていただいて選挙で選ばれますが、議会の中では、会派に所属しているかどうかに活動が大きく左右されます。しかも、議会の運営も多数決で決めるように変わってきています。議会の運営を多数決で決めれば、多数派に有利な運営方法を選ぶことも可能です。結果として少数意見がますます見えにくくなってきているのが現状です。

見えない意見を私たちは選ぶことができません。

見える情報、見えない情報、見せない情報

大田区議会では、年に四回の定例会と、臨時会、それに加え、毎月十五日には常任委員会が開催され、第三火曜日には特別委員会が開催されます。各議員は、五つの常任委員会の中から一つ、また四つの特別委員会の中から一つか二つの委員会に所属しています。

定例会と臨時会では議案が上程されます。議案はそれぞれ各委員会に付託されて審議が行われ、委員会での賛否を決めたあと、最終的には本会議場で、全議員による議決が行われます。

議員になって困ったことの一つが、何をどう勉強したらよいか、わからなかったことです。体系的にこれを勉強したらよいというものがほとんどなかったので、すべてが勉強で、一つ一つの事案について、調べたり、周囲に聞いたりすることを粘り強くコツコツと積み上げていくしかありませんでした。それが遠回りのようでいちばん大切だということが、時間をかけていくうちに見えてき

ました。

使っている言葉も聞きなれない言葉ばかりで、聴いてもすぐに理解することができませんでした。最初は、質問することの意味もよくわかりませんでした。わからないことを質問するだけなら、ただの勉強会に過ぎません。議会で質問するということは、執行機関をチェックし、自ら望む政策を実現するために行政の姿勢を問うことだと思います。

はじめのころは、そうした意義がよくわかっていなかったため、質問を作ることもできませんでした。

定例会では、前述した交渉会派は首長に区政を問う「代表質問」ができますが、少数会派は代表質問をすることができません。これは大田区議会のルールで決まっていることなので、他の地方議会では異なるかもしれません。

近年、大田区議会では議会運営方法も多数決で決めるようになっています。調べたら、他の自治体では全会一致でなければ変えられない議会もありましたから、多数決で決めることが当たり前ではないようです。

それどころか、公式の議事録が残る議会運営委員会ではなく、議事録もなく、傍聴することもできない交渉会派の会派代表者会議（通称、幹事長会。会は秘密会）で決める問題も少なくありません。

二〇二二年の第一回臨時会（五月二十六日、二十七日）で、質疑と討論について、会派の人数に応じて時間制限を設けるようになり、一日程で一人五分、会派全体で上限三十分になってしまいました。会派の人数が多ければ、十分、十五分、三十分と充分な議論ができますが、一人会派の私は、一日程で、議案が十でも二十でも三十でも、五分しか発言できません。一つの議案について、多数派は充分に意見を言えて、少数派は短い時間しか意見を述べられないことの正当性はどこにあるのでしょうか。少数意見の排除以外の何ものでもなく、大変恐ろしいことが始まっていると思います。まさに、日本の議会制民主主義の危機だと思います。

いまでこそ、たった一人で議案や陳情・請願に反対したり、賛成したりということができるようになりましたが、当選したばかりの時は、反対することに大きな抵抗を覚えていました。ほとんどの意見が、異議なく賛成される中で、一人だけ異なる意見を唱えることには勇気が要りましたから、最初は、議案に賛成して、問題だと思う部分について賛成討論の中で自分の意見を述べていました。

たとえば、この本でもふれる（旧）大森北一丁目開発については、二〇〇五（平成十七）年に大田区の土地と民間事業者の駅近くの土地を交換した際、賛成して、問題点を述べる討論を行っています。その時点では問題の本質が見えていなかったのですが、区の土地と民間事業者の土地を交換するのに、それぞれの土地の価格を公表しなかったのはおかしいと思ったのです。

大切なのは、反対したことではなく、なぜ反対したかだと思います。その議論の過程や賛成・反対の理由の説明が、多数決で決める議会運営によって、五分に制限され、結果として、議論の内容そのものが区民からさらに見えにくくなっていることは問題だと思います。

民主主義は、多様な意見の中から、一番良いものを話し合って決めるしくみです。それが、議論する前から、少数意見は五分で充分だと決まったのは、多数派は、自分の意見を変えないと決めているから、少数意見は聞かないと決めているから、ではないでしょうか。

いつも一つの提案しかなく、しかもそれがほぼそのままの形で決まっていくという違和感は、こういうところから生じてきます。

ほかにもあります。

大田区議会では、二〇一一年くらいまでは自由に質疑や討論が行われていましたが、二〇一二年頃から、質疑が三回までに制限されるようになり、再々質疑が許されなくなりました。再質疑しても、答えは「最初に答弁した通り」としか返ってこないので、実質一度しか答弁しなくなってきています。

議会事務局には調査担当がいて、議員の調査機能を補助しています。ところが、議会事務局の調査も、以前は制限がありませんでしたが、大田区を対象とした調査はしなくなり、大田区以外の調査しか受けなくなっています。

発言させない、質問させない、答えない、調べない。こういうルールを多数決で決め、はたして良い議会活動ができるでしょうか。

全会一致でないと変えられないという他議会の話を耳にしてから、大田区議会が、多数決で議会を運営するルールを決めることの危うさを実感しています。多数派に都合の良いルールにこれから先も変えていくことが可能だからです。

何をどう知るか

大切なのは、政治について、どういう考えや意見があるのかを知ることだと思います。国政の意見や政党の考え方は、マスコミが報道していますが、国政や都政と違って、地方政治で起きていることは、マスコミもほとんど報道しません。

地方分権一括法施行後、しくみとしては中央集権から地方分権に変わりました。実際、国と地方のお金の流れが変わったのは、小泉構造改革の三位一体の改革以降だと思います。三位一体の改革前は、地方は国に従い税金を使っていましたから、いまほど各自治体の施策に大きな差もなければ、大きな議論を呼ぶ問題も起きなかったように思います。しかし、小泉構造改革以降の地方分権で、自治体ごとの独自性が認められるようになり、規制緩和で税金の使途の裁量が広がると、自治体独自の施策や税金の使い方が見られるようになりました。

国の公共事業が減る一方、地方自治体では、企業や第三セクターが事業主体を務める大規模事業が始まっています。第三セクターとは、法的に明確な概念があるわけではありませんが、自治体と民間企業が共同出資して設立した法人のことで、地方自治法では、行政の出資金の割合に応じ、損失補償や債務保証などの義務を負い、監査や首長による予算執行の調査権が発生したり、議会に経営状況の提出の義務が生じるたりするなど、出資により、住民に損失を及ぼさないよう、いくつかの歯止めがかけられています。大田区では、大田区議会第二回定例会に、第三セクターなどの経営状況が提出されますが、現実には、詳細な説明もなく、経営状況が見えにくいと感じます。夕張市が財政破綻したのも、この第三セクターを使った資金の出し入れにより、市の負債総額を見えにくくしたことが原因です。その後、国は財政健全化法を策定し、自治体全体の債務などを把握できるようにしていますが、必ずしも十分とは言えない状況にあると思います。

かつての国鉄だと公共事業ですが、ＪＲだと民間企業なので公共事業にはならないように、企業や第三セクターは「公」ではないので公共事業関係費には計上されませんが、莫大な税金が投入されています。公共事業は減ったのではなく、姿形を変えて行われているので見えにくくなっているのです。

自治体に裁量が任されれば、そこには、裁量の優先順位や、公平性、妥当性などの議論の余地が生じます。自治体の政治は、地方分権になって以降、税金を使う額も増え、裁量も大きくなって、地方分権以前よりも重要になっているのです。

第三章　政治とは利益分配である

誰のために税金を使うのか

議員になって何回か議会を経験したところ、選挙に出る前に自分が一体誰に投票していたのか、ふと気になったことがありました。そこで過去の選挙公報を見て、当時の自分になったつもりで選んでみたところ、自分が期待する発言をしている人ではない候補を選んでいたのかもしれない、ということに気づきました。（誰に投票したかは正確には覚えていませんでしたが。）選挙公報だけでは、思ったようには候補を選べない場合もあるということです。

議員になってから、政治が利益分配を決める場所だということにあらためて気づかされました。莫大な税金を誰のために使うのか、その予算を編成する権限を持っているのが区長（首長）です。

そして、議会がその予算を可決しなければ、予算は有効にはなりません。
たとえば、大田区の一年間の予算は、二〇二二年度だと一般会計で三〇〇八億円、特別会計で一四二八億円、合わせると四四三七億円にもなります。基金という形で自治体の貯金は約一二〇〇億円（二〇二一年度末決算）も積み立てられています。当たり前のことですが、こうした財源を、何に、どのように使うかを決めるのが政治だということです。さらにいえば、私たちの払った税金が、誰のお財布に入っていくのか、ということを決めることにもなっているのです。

日本の税制は累進性が低く、集めただけでは格差を是正する機能が低いのは国も認めていることで、集めた税金をどう社会保障に使うかが格差の是正に大きく影響します。

税金を誰のために、どう使うかは、とても重要です。

たとえ、福祉費や教育費に多額の予算が充てられたとしても、福祉や教育が金額相応に良くなるとは限りません。学校を建て替えても、タブレットを買っても、それらは教育費として、また福祉施設を建て替えれば福祉費として計上されます。金額が増えているからといって安心するのではなく、その用途や金額が重要になります。

仮に低所得者層に現金給付したとしても、総予算で見れば少額で、経常的に富裕層に分配される金額の方が大きければ、格差は拡大します。全体の中で、どのくらいの割合の金額が使われるのかも見なければなりません。

そもそも利子・配当所得への税率は分離課税として最高約二〇パーセントで、給与所得者の最高税率五五パーセントに比べ低く抑えられている上に、私が議員になって以降の税制改正を見ても、中間所得層から上の給与所得世帯の税負担が大きくなっています。税金を集めるだけでは、利子配当所得などが主な収入の人たちと、それ以外の所得層との格差が広がります。

集めた税金を低所得者に使うことは大切ですが、税を集めた段階で超高額所得者の税負担が総体的に小さく、給与所得者の中間から上の層の負担が大きい中で、低所得者層に税金を使うと、給与所得者等の間での格差は是正されますが、利子や配当が主な収入の超高額所得者層と給与所得者層などとの格差が大きくなります。

誰が公共サービスを担うのか

一方で、誰のために税金を使うのかだけでなく、公共サービスを誰が担うのかという視点も重要です。

小泉構造改革によって進められた〝官から民へ〟の「民営化」は、公務員が担ってきた事業を主に民間の営利企業に市場開放しました。

民営化によって、私たちの税金が、直接現場で働く公務員の給与等に充てられるのではなく、事業者を経由し従業員に支払われることになったのです。事業者を経由したことで、その事業者が営利企業であれば、株主配当などの事業者の利潤に税金が使われるようになったということです。

民営化は、市場競争によってコストが下がり、サービスが良くなると言われ、効率的な行政運営を期待させましたが、結果として税負担が必ずしも減ったわけではありません。多くの場合、実際の予算は減らず、下がったのは現場で働く方たちの賃金でした。公共分野を担う営利企業から見れば、現場で働く人の賃金はコストで、行政からの委託金額や公定価格からコストを下げると、利潤が大きくなるのは言うまでもありません。

あらためて考える民営化とは

古い辞書で「民営化」と引いても載っていません。これは英語から翻訳した言葉なのです。そこで、「民営化」にあたる《privatization》を辞書で引くと、『ケンブリッジ英英辞典』には、《the process of selling companies or organizations that are owned by the government to private investors》と書かれていて、政府が所有する企業や団体を個人投資家に売却する過程、という意味だとわかります。民営化という言葉には民主主義の「民」、市民の「民」が使われていますが、その意味から公に対して使うべきは「私」だったのではないかと思います。民営化したことで、投資家は公共分野という新たな市場に参入し、投資利益を上げるようになったのです。

公共分野の民営化が進み、事業者に税金を使えば使うほど、私たちの税金の一部が、富裕層の株式投資の利益に使われることになります。

たとえば、自治体が土地を買って建物を建てて運営する公立保育園と株式会社が運営する私立保育園を比べると、公立保育園の土地と建物は、区民（自治体住民）の公共財産ですが、私立保育園の土地と建物は、企業の資産になります。保育園を廃園するとなれば、公立保育園なら区民（自治体住民）の財産ですから、別の用途に使うことも可能ですが、私立保育園の場合は廃園して残余財産として残れば、株主に分配されます。ですから、仮に民営化によって営利企業が税金を利用して私立保育園を建て、結果的に廃園したとしても、区民（自治体住民）には何も戻りません。

これまでも、公共分野は必ずしも公務員によって担われてきたわけではありませんし、民間事業者が担うことすべてが問題だと言っているのではありません。

問題は、「民（間企業など）でできることは民（間企業）」で担うという、「できるか、できないか」で公共分野を民間開放したため、公共分野を官（公）が担うことの意味や、担う事業者が営利か非営利かも問わずに民営化する分野が際限なく広がっていることや、結果として過度な利潤追求が低賃金や不正受給を招いているにもかかわらず、利益率などを抑止するしくみがないところにあると考えています。

「できるか、できないか」で考えれば、公務員でも民間企業の従業員でも、担うことはできるのです。私たちが考えなければならないのは、営利企業に担わせることが、ふさわしいのか、ふさわしくないのか、営利企業に公共分野を開放することに問題はないのか、どうしたらその問題は取り除けるのかということだと思います。

多くの公共分野は、お金儲けに適さないから公が担って、足りない人件費や施設費などを税金で支えてきました。企業が参入すれば、それらの経費を税金で負担することに加え、企業の利益も税金で負担します。

民営化は、効率的な運営ができて経費が下がり、税金負担を減らせるというイメージです。

ところが、大田区の認可保育園について調査をしたところ、官が担っても、民が担っても、経費はほとんど変わりませんでした。民営化しても、保育事業者には、行った事業に応じて人件費基準額に基づいた公定価格が支払われているからです。認可保育園の保育料は自治体が決めますから、競争による価格の低下は起きません。

二〇一六年の決算委員会で取り上げたのですが、大田区が民営化や民間委託を始める前の二〇〇三（平成十五）年度の保育園総運営経費を保育園定員で割った一人当たりの運営経費と、二〇一五（平成二十七）年度決算の私立保育園の園児一人当たりの運営経費は、ほぼ同じどころか、二〇〇三年度の方が、わずかに安いという結果になりました。当時、私立保育園には、別に処遇改善費用が支給されていましたから、園児一人当たりの運営経費はさらに上がります。

二〇一五年度決算の公立保育園の園児一人当たりの運営経費はさらに高いのですが、民営化に伴い採用を控えたため、保育士の平均年齢が上がったという理由によるものです。

二〇一五年度の賃金構造基本統計調査でみる保育士の給料は、全国平均で年収三二三・三万円（平均年齢三五・〇歳）です。全産業平均の四八九・二万円（同四二・三歳）に比べ一六〇万円も低くなっています。二〇〇三年度の大田区が民営化する前の認可保育園と二〇一五年度の園児一人当たりの運営経費にさほど差がないという数字から、私たちが思っている以上に、私たちの税金が企業の利益になっている可能性が高いということです。

公共分野の民営化には、施設使用料という問題もあります。たとえば、大田区が進めようとしている蒲蒲線（新空港線）は、過去の大田区議会の議論の中でも、それまでの地下鉄補助的な制度の考え方では採算が取れないという共通認識でした。ところが、蒲蒲線の整備を一つのモデルケースとして、都市鉄道等利便増進法ができ、インフラの部分は公的なセクターが建設費などの整備リスクを負う受益活用型上下分離方式で採算が取れるしくみを作っています。このしくみによって営業事業者は、従来であれば採算を取ることができないはずの蒲蒲線を走らせ、利益を上げることができるようになっています。

そのほか、大田区の施設の中にある時間貸しの機械式駐車場は、場所代を徴収せずに機械を設置させ、駐車料金の徴収を事業者に許しています。利益の一部を区に支払っていますが、場所代というわけではありません。

また、指定管理者制度を採用している施設の中には、自主事業といって、事業者が料金を徴収して事業を行うことが可能な施設もあります。事業者は家賃を支払っていませんから、徴収する料金は家賃分安く設定すべきですが、料金への縛りはありません。今は周辺相場より安い価格が設定されていますが、将来も安いという保障はありません。こうした施設費をどう負担するかといった考え方は整理し規定として明記すべきだと思います。

いまや、あらゆる公共分野を企業が運営するようになっています。それを可能にしているのは、企業の経営努力というわけでは必ずしもなく、高い補助率、公の土地や施設を安く、あるいは無料で提供するなどの「優遇」により、できないはずの民間参入や公共分野の市場開放を拡大させています。

それが、なくても構わない分野であればまだしも、人間が生きる上で欠かせない、福祉や教育といった分野が民営化されています。事業者は確実に利益を上げられますが、私たちの税金はそのために経常的に使われることになります。

とはいえ、すべての公共分野を今すぐに公務員で担うのは現実的ではないでしょう。民営化や民間事業者への税投入は、担うことになった民間事業者の株主などの過大な利益とならないための「抑止」のしくみが必要だと思います。

公的分野に関わらない経済活動は自己責任の下で厳しい競争を強いられている一方、民営化は、参入さえできれば競争性の極めて低いなかで有利にお金儲けができる分野になっていると思います。

かつて、公務員は給料が高いのに感じが悪く、働かないと批判され、民営化へと民意は大きく動きましたが、今の民営化の現実が、その時の国民感情にかなうものだと言えるかは疑問です。

非営利が意味すること

それまで、福祉や教育や医療は、社会福祉法人、学校法人、医療法人など「非営利」の団体で担われてきました。公の施設を利用した事業は地方公共団体の出資法人や公共的団体などに限定されていました。

非営利には大きくいって三つの原則があります。

（1）仮にその事業で余剰金がでたとしても、分配（配当）することができない。

（2）持分の譲渡（持株の売却にあたる）はできない。

（3）団体が解散しても残余財産は分配できない（団体設立目的の他非営利法人に帰属、あるいは国庫に返納するなど厳しく定められている)。

私たちが納めた税金を使って、必要以上にお金儲けができないよう、事業を担う団体のあり方にまで縛りをかけていたのです。

こうした非営利三原則を不問にして進められてきたのが、「官から民へ」の民営化だということです。

民営化に対する評価は、働く側から見るか、利益を得る株主側から見るかによっても違うでしょう。民営化を公共分野を担うための効率的な運営方法だと思っている人たちにとっては、(現実にそうはなっていませんが、)税金の節約になる良いしくみと捉えることもできると思います。民営化された事業者の元で働く人たちにとっては、大切な職場だから守りたいと思うかもしれません。あるいは、同じ仕事、たとえば保育士の仕事が公務員としてできれば、もっと暮らしが安定すると思っている人もいると思います。

公共分野に参入した企業の株主は、利益を得られますから、もっと民営化が進むとよいと思っているかもしれません。

しかし、個々人の想いや願いだけでなく、私たちは、どういう社会をめざしていくのかを考えなければならない時に来ていると思います。民営化が進めば、そこで働く方たちは、公務員が担っていたときに比べ、低賃金になります。非正規雇用になれば、さらに雇用が不安定になります。

大田区の職員など、公務員の給与等は、民間企業の給与等を調査し、官民格差がないようにという視点で毎年見直しが行われています。ところが、二〇一四年から二〇二一年までの二十三区の民間と職員の給与を比較したら、官も民も下がり続けていて驚きました。二〇二二年は官民ともわずかに増えていましたが、物価の上昇には追い付いていない状況です。

地方公務員法は、職務と責任に応じた給与、仕事に見合った給与、生きていくうえで必要な給与、官民格差の是正などの視点で給与を改定しなさいと言っていますが、官民格差是正に重きが置かれていることで、かえって、職務と責任に応じた給与、仕事に見合った給与、生きていくうえで必要な給与といった大切な視点が軽視され、結果として、民の給与が下がると官が下がり、さらに民が下がるというかたちで、日本全体の給与が下がり続けていると思います。

民営化は、公務員だけの問題ではなく、働く私たち全体の問題でもあるのです。

そういう時代だからこそ、私が心がけているのは、「議員とは特別公務員である」ということです。そもそも政治は利益分配ですし、昨今の日本の政治は、ますます利益分配に特化した政治に変わってきてしまったように感じます。選挙の政策やマニフェストにしても、「〜してあげる」ことをアピールする傾向にあると思います。

有権者のみなさんは、高齢者、働く世代、子育て世代、単身者、障害を持っている方、男性、女性、LGBTQ、ひとり親……等々、誰もが、自分の置かれている立場のために働く議員や政策を良しとし、そのうえで議員を選ぶのだと思います。議員は議員で、やはり選挙で応援してくださった方たちのために力を注ぐようになります。

しかし、憲法第十五条には、「すべて公務員は、全体の奉仕者であって、一部の奉仕者ではない」とされています。

サービスが増えたり給付を受けられたりするのは好ましいことですが、それらには費用（税）負担が伴います。社会のバランスを保ち、全員が「健康で文化的な最低限度の暮らし」を守れる社会とは、どういう社会なのか、全体の奉仕者として、区民のみなさんの声を聴いてどうあるべきかを考え、発言する姿勢を失わないよう心がけています。

極端な話、投票率が下がれば、投票に行く人たちのためだけに政治活動をしていても、選挙に当選することができてしまいます。仮に、議員が全体の奉仕者としての立場を忘れ、応援してくれた人のためだけに働けば、選挙に行かない方たちの利害は政治には反映されないかもしれません。そうなると、ますます、選挙に行かない人たちは、自分たちの声が反映されない政治に関心が持てなくなり、政治を「あきらめる」ようになってしまうのではないでしょうか。

議員が、応援された人たちの利益のために代弁者になるのは当然のことだと思いますが、かつては、人と人とのつながり、商店・企業・公務員などのつながりがもっと密で、誰かだけの利益になることはなく、トリクルダウンで誰かの利益は他の人の利益にもなっていたという部分もあるかと思います。

今の社会は、一人勝ちを許してしまう社会にどんどんと進んでいます。

奇しくも、新しい資本主義は、新自由主義が格差だけでなく、分断を招いたと言っています。

私は、分断される前の日本の社会をじゃんけんにたとえて説明することがあります。じゃんけんのグー、チョキ、パーは、誰かに勝つが誰かに負ける、一人勝ちできないしくみです。このじゃんけんのように、日本の社会は、ピラミッド型ではなく、相互に密に関わりながら、それが抑止となって、運命共同体的な社会を守ってきたのだという風に説明しています。

たとえば、株の持ち合いなどは、その一つの仕組みかも知れませんが、それよりもっと深いところでつながっていた社会なのだと思います。

自然や風土に支えられた一次、二次、三次産業などの産業構造とそこに根付いたコミュニティがある種の秩序をたもつ機能を持っていたのではないでしょうか。その一つが、そこで全体の奉仕者として法令を守り執行してきた行政であり、公務員だったのではないでしょうか。

「お上」に任せられない時代

基本的に、行政は区民に信頼されていると思います。同じ情報を流すにしても、「私」の言葉よりも、「大田区からの情報です」とひと言付け加えるだけで信頼度がまったく違ったからです。日本の政治は、「お上」と言われてきた官僚や公務員が、全体の奉仕者としてこの国の法令を守り政策を作ってきたのだ、と議員になって実感しました。

だからこそ、私たちの多くは、これまで政策立案や執行を「お上」に任せてきたのだと思います。

しかし、この日本の構造が「官から民へ」、「政治主導」へと劇的に変わったにもかかわらず、多くの有権者が、その変化にあまり気づいていないのも、今の政治の大きな課題の一つだと思います。

政治家を人気投票や自分の利害だけで選んだとしても、「お上」が政策の根幹を担い、憲法を守って公平性や妥当性を担保し調整してきたのが、これまでの政治だったと思います。

ところが、「政治主導」、「国から地方の地方分権」、「官から民への民営化」、「規制緩和」の結果、政治への影響力は、官僚や議員よりも民間企業（の株主）の方が大きくなりつつあります。企業の価値観、市場経済論理を行政のしくみに入り込ませたのが、省庁再編だと思います。

一九九九年、省庁再編のために、省庁改革法で一七本、施行関連法で六一本の法律が、一括審議で可決されました。二〇〇一年からの省庁再編は、縦割り省庁の非効率な意思決定を批判する声に後押しされる形で行われたものだと思います。

しかし、省庁再編によって、憲法第二十五条で保障された「健康で文化的な最低限度の暮らし」を守るために総理府に置かれ内閣総理大臣と実質的に同等の権限を持っていた「社会保障制度審議会」が廃止され、代わりに内閣府にできたのが「経済財政諮問会議」です。

国民は、省庁再編により、縦割り行政でなかなか国民の暮らしを守らない政府に、内閣府という横串をさすことで、各省庁が協力して国民生活の問題に取り組むことを期待しました。もしかしたらマスコミなどからの情報にそう思わされてしまったのかもしれませんが、国から地方への地方分権は、中央集権だから政治が良くならないのだと信じさせる、ある種の説得力を持っていたと思います。実際は省庁に「経済」という横串がさされて内閣府に設置された「経済財政諮問会議」が内閣府の上に載り、この国の予算も福祉や教育も、経済や財政のために回るようになっています。経済と言っても、そこには、消費者、労働者、経営者、投資家など、さまざまな立場の利害関係者が存在します。たとえば国家戦略特区法やTPPなどの法令をみると、今の経済政策が、投資のため、投資家のための経済政策だということがわかります。

二〇〇〇年頃から福祉を営利企業で担わせることを可能にしていますから、省庁再編と福祉を営利で担わせることは関係があるとみるべきです。

　日本のしくみは、この間の制度改正により、投資家に利益が流れるように徐々に変わってきています。

「省庁再編」で経済の財源確保のための予算をつくり、「国から地方への地方分権」で自治体が事業を担う運営主体を決め、「官から民への民営化」でそれを営利企業に担わせ、「規制緩和」でそれらの参入障壁を取り払い、参入を可能にしてきたという風に見ることができます。

　このしくみで予算を編成して執行すると、たとえ税金を集めたとしても、それを福祉に使ったとしても、それだけではかつてのように格差の是正にはつながらないと思っています。

　福祉を営利企業に担わせることについて、なぜ可能になったのか、その議論や根拠となる文書がどこにあるのか、内閣府や厚生労働省などに伺いましたが、お答えいただけませんでした。

　所得の格差をあらわす数値としてジニ係数があります。格差は社会保障給付で埋められるという考えに基づき、投入されている税や社会保障給付費をこのジニ係数に上乗せして、その値から格差が是正されているとみなしています。

　不思議なのは、営利企業が社会保障をサービスで提供した場合、その一部は、株主配当などに充てられるはずですが、それも含めて、格差是正に寄与した数値として計上されることです。公務員が社会保障を担っている場合と営利企業が担っている場合とでは、仮に同じ金額を社会保障のために使ったとしても、格差是正の程度は異なると思い、福祉分野などへの営利企業の参入後、担い手によるジニ係数の評価方法に変更はあったのか、内閣府や厚生労働省などに伺いましたが、評価方法の変更はないとのお答えをいただきました。

一九七三年に厚生省（現・厚生労働省）に入省し、老人福祉課長、老健局長を務めるなどし、菅内閣、野田内閣、第二次安倍内閣のそれぞれで「社会保障と税の一体改革」の事務局長を務めた、現在国際医療福祉大学大学院教授の中村秀一氏の社会保障の講座を何度か大学院で聴講したことがあり、その際、同じことを伺いましたが、そうした評価はない、とご教示いただきました。

民営化で、社会保障給付費に富裕層である投資家の投資利益が上乗せされていれば、投資家の利益の分大いに格差が是正されるという考え方は、私にとっては、投資利益分の下駄をはかされているように思われ、おかしいなあと感じています。

給付後、投資家利益は、富裕層である投資家のお財布に入るからです。簡単には説明できませんが、営利企業が社会保障を担っている場合、直営ほど格差が是正されず新たな格差の要因を作るように思います。社会保障に使われた分、格差が是正されるという考えがおかしいのだと思います。

こういう時代だからこそ、政治が利益分配であるという現実を受け止め、有権者は目の前の利益だけでなく長期的な視点で自分の利害や権利のために働き、政策を作る人や政党を見極め、選ばなければならないと思います。私たちは非常に困難な時代を生きているのです。

二〇〇三年の当選以来、私が取り組んできた問題の中から特徴的ないくつかの事例を次章以降でご紹介していきます。この本を通じ、私がなぜ、こうした考えに至ったのか、知っていただければと思います。

第四章　発意はどこにあるのか

議員だったから見えたこと、発言すべきこと

議会で反対を表明することは簡単にはできませんでした。議会で発言するのさえ緊張するのに、反対するとなると、さらにハードルが高かったです。自分の論拠に自信がなかったこともありますし、公の場での発言は、単純に怖かったのです。

そういう中でも、少しずつ勉強しながら、論拠を固め、自信を持って発言できるようになったのが、一期目の最後の方だったと思います。議会の議員だから、知りえた情報について、区民の視点で考え発言することが大切、ということがわかってきたのです。時期は前後するかもしれませんが、いまでも印象に残っている特徴的な二つの問題についてご紹介します。

第三セクター設立への違和感

初期に反対の意を示した事案の一つに、第三セクター設立のための出資金を組み入れた補正予算があります。

二十三区が払い込んだ資金を元に、二十三区の清掃工場の管理運営を担う東京二十三区清掃一部事務組合（以下、「一組」）と民間事業者が共同で出資して、（1）清掃工場が焼却に伴い発電したうちの余剰電力の売買と、（2）二十三区内の清掃工場の運転管理受託業務をするための株式会社（＝「第三セクター」いわゆる「三セク」）を設立するという計画がありました。

大田区の清掃事業は、二十三区（特別区）特有のしくみの中で運営されています。

清掃事務は自治事務と言って基礎自治体各区が処理する事務であるにもかかわらず、二十三区の清掃事業は、戦前、東京市だった時の名残で東京都が担っていました。それが地方分権の流れで、収集・運搬は各区が、処理・処分は東京二十三区清掃一部事務組合（一組）が行い、最終処分については、特別区（二十三区）が責任を負うものの、当面は東京都が設置・管理する新海面処分場を使用する、という風に変わりました。これを清掃事業の事務移管と呼びます。

家庭ごみなどの一般廃棄物は、自区内処理の原則に基づき、その区域で出た廃棄物の収集・運搬・中間処理・最終処分に関する事務等のすべてに市区町村が責任を負い、自己完結的な事業を行うとする考えが基本です。しかし、二十三区には清掃工場のある区とない区があることや、埋立処分場を各区で確保できないことなどから、一定期間共同処理を行うことが適切と判断されて、二〇〇〇（平成十二）年四月に一組が設立されました。

一組は、地方公共団体として、二十三区のごみを焼却する清掃工場を管理運営していて、その収入は各区の分担金を主としています。設立当初、一組の職員は東京都からきた職員に加え、各区からきている職員とプロパーの職員がいました。私がごみの問題に取り組みはじめた二〇〇三年ころ、一組職員から清掃一組は「住民のいない自治体だ」と言われ、二十三区が出資しているのに、住民のことを見ていないのだなあと思ったことを覚えています。

設立以来、住民からは、収集・運搬する各区のごみ量予測の総和に対し、一組のごみ量予測が「過剰」であることから、清掃工場が多すぎて分担金の負担が大きいのではないか、という指摘がありました。（一組は、ごみ処理を適正に行う責任があり、そのためごみ量予測は適正である、という立場です。）

こうした清掃工場の建設、処理焼却処分、管理運営のために巨額の費用を使っている一組の清掃工場の運営を、「民営化」するために新たな会社を設立するというのです。

一組と民間企業が六対四の割合で出資し、清掃工場の管理運営と、清掃工場が発電した電力（新エネルギー）の売買と資産活用を目的とした株式会社を設立しました。

第三セクターに任せることによって、人件費を安くできる、エコなエネルギーを二十三区内の小中学校に販売し、それでも足りない再生可能エネルギーを共同出資企業の子会社からまかなえるなどのメリットが示されていました。

実際、人件費削減でコストが削減されて良いように聞こえますが、その分、安定した雇用を減らすことになります。

企業がコストを減らせば、その分は株主の利益につながりますが、私たちの税金は、余らせても私たちの手元にお金が戻るしくみではありません。余った税金は、半分は基金という名目で貯金に積み立て、残りの半分は翌年度に繰越します。

民営化が進んで削減されたコストの分、減税になったわけでも、私たちに必要な社会保障が充実したわけでもなく、むしろ消費税の増税が繰り返されています。賃金が下がる一方で、税負担はほとんど変わらないという事例も少なくありません。

社会全体の雇用をどうすべきかも、政治が考えるべき大切なことの一つです。公務員の給与水準は高いからダメで、民間企業で働く人なら、不安定な雇用で低賃金でもいい、というのはおかしなことだと思います。当時の私には、そこまでの明確な問題意識はありませんでしたが、同じ仕事をしていながら、公務員はダメで第三セクターの職員ならよいという理由には納得できませんでした。

一方、新会社設立に際しては、二十三区各区の自治権が発揮されるのかどうかが大きな争点になりました。それぞれの区が株主となれば、各区が会社経営に関して一定の発言権を得られますが、その場合は民間企業が筆頭株主となり、総体的に二十三区の発言権が弱まるという悩ましい問題があったのです。結局、民間企業が筆頭株主になることを避け、各区から出資金を集め、一組が出資しました。

私は、一組というしくみは、二十三区で出資しているにもかかわらず、区民の声が届きにくい組織になっていると考えています。地方公共団体である一組も市区町村同様に議会を持っているのですが、その構成員は、通常の自治体のように選挙で選ばれるのではなく、各区の議長が務めます。言ってみれば、与党しかいない議会のようなものです。

当時の一組職員が「住民のいない公共団体」と口にしたのも、そうした背景を説明しているものと考えれば、当たっているかと思います。

この新会社設立に際して、私は当時所属していた議員仲間に声をかけ、各区の区長に質問状を送り、問題点などについて説明をして回りました。

当時は、第三セクターの設立に関して、区長が耳を傾けるだけの問題意識を持っていたのです。それが功を奏したのか、出資金の議決をする際、一組議会ではその後も含めてめったになかったことだと思うのですが、中野区、杉並区、世田谷区、渋谷区、港区から質疑や、後には継続審議という意見も表明されました。

一組議会で出た各区の議長の質疑と意見の概略は次の通りです。

【中野区】
・各区関与が間接的だが、経営の透明性・説明責任を一組はどのように担保するのか。
・唐突な感を受けている。各区で理解と合意はできているのか。

【杉並区】
・意思決定はどこでどのようになされたのか。
・会社設立の目的は？　天下りだ。九割が随意契約。発注一組、受け皿も一組では競争原理がはたらかない。

- 合弁先の選定理由は何か。
- 未来永劫利益があるのか。テレポートセンターのようなことにならないのか（株式会社東京テレポートセンターは東京湾の臨海副都心開発を担う第三セクター。一一七〇億円の負債をかかえ、二〇〇六年に倒産）。
- 一組職員の受け皿作りではないか。新規採用はどの程度か。給与はどうなるのか。その原資は何か。
- 運営経費の調達はどこから行うのか。
- 設立を急ぐ理由が見当たらない。反対しても多数決で決めると言う。こぼれた区はどうするのか。そうしても払わなければどうするのか。設立までのスケジュールを急いだ理由は何か。

【世田谷区】

- 経費をどのように下げるのか。
- 新会社が一人歩きするのではないか。

【渋谷区】

- 各区の関与のあり方はどうなのか。関与の方法について何が新たに担保されるのか。
- 分担金が各区一律であるが、経営の見通しは明るいのか。
- 分担金のあり方についても二転三転した。一組の方針がぶれると各区に混乱をもたらす。
- 各区の理解の度合いが異なるなか、今決めてよいかというのが根強くある。清掃事業に対する確固たる考え方を示す必要がある。焼却推進するのではないか。

【港区】

・経過は理解しているが、提案から決定まで短い。住民にも説明がなされていない。
・各区、合意が得られていない。三定補正（第三回定例会での補正予算計上のこと）を見送る区もある。各区の意見を十分に反映させていない。慎重にするべき。

港区からは補正予算議案審議の継続を求める意見まで出されました。

一組という地方公共団体の長にあたる管理者を務めていた当時の大田区長西野善雄氏は、二〇〇六年の大田区議会第二回定例会で、「なぜ二十三区が出資もするかというと、ここで議会は関与するわけです。区議会が関与する。区も関与するわけです。一組にすべてお任せ、それは区民と遠い関係になるから反対である。やるのならば二十三区が絡んだ方法でやるべきであると」と答弁し、各区が出資に際し議会の議決というかたちで関与することで、区民の意思を第三セクター設立に反映させる原理原則を説きました。

しかし、その原則が貫かれたのは設立当初だけで、新会社の株主総会の報告なども行われなくなり、今では求めても委員会報告さえしなくなっていて、非常に残念です。形骸化することは、区民の不利益になる可能性がありますから、しっかり監視していく必要があると思います。

最近、大田区と民間企業との共同出資により、蒲蒲線の鉄道整備に向けた第三セクターが設立されました。

行政が、営利目的の企業と共同出資して行う事業は、清掃工場や鉄道施設など、建設費が莫大な施設が多いうえ、その施設の所有者は公ですが、運営には営利企業が関われるようになっています。第三セクターは、住民福祉が目的の自治体の税金を使って作る施設の運営に伴う利潤を、営利企業に提供することを可能にしているしくみだということです。

公の施設とは何か、そこからあがる利潤を株主に提供するしくみは正当か、不当か、そのしくみでしか公の施設は運営できないのか、あらためて検証すべき時に来ていると思います。

（旧）西行政センターの突然移転

同じ時期に大田区で大きな議論を呼んだのが、道路公園の管理、障害者支援、生活保護などを担う地域の出先機関が建っていた土地を民間企業に売却する、という問題です。

事前の計画や方針もなく、ほぼ決まった形で突然に提案され、議会でも議論が巻き起こりました。これも清掃一組の第三セクターを設立した年と同じく二〇〇六年のことです。いまは、蒲田、大森、調布、羽田・糀谷という名前で直接住民に関わる身近な業務を担っている各地域庁舎が、当時は東西南北の四つに分かれて地域行政センターという名前で設置されていました。

そのうちの一つ、雪谷大塚町にある大田区西地域行政センター（西行政センター、現在の調布地域庁舎）を民間企業に売却・土地交換し、大田区は近くにあった東京都の水道局跡地を新たに購入して、移転するという計画だったのです。この移転に必要な約十億円が補正予算として五月の臨時会に提出されました。

この事業は区の実施計画に載っていない唐突なものだったので、審議をするにあたって私は、判断に必要な根拠となる文書や議事録を行政に請求したのですが、当初の担当職員からの回答は「ない」というものでした。

そこで審議に間に合うように資料を作成するよう要請したものの、今度は「出せない」と言われてしまいました。十億円規模の予算が絡む事業の議事録や文書が本当に存在していないのなら、これは大問題ですし、本当は存在するのにもかかわらず、出せないというのであれば、これもまた問題です。文書の有無も含めて開示請求を行った結果、臨時会当日に開示されました。

「ない」、「出せない」と言われていた文書ですが、開示されたのは要求していたよりも前の日付の文書でした。審議に必要な文書が、開示請求をしなければ出てこない、しかも議決する臨時会当日の議決直前に配布されるという状況は大いに問題だと思います。

大田区は、売却の根拠の一つに、雪が谷大塚駅周辺が長期基本計画で地域核に位置づけられていることを挙げていましたが、その後、雪が谷大塚を地域核として行われたまちづくり事業は、今に至るまで、残念ながらありません。後付けの理由だったのだと思っています。

この問題を通して見えてきたのは、意思決定の過程が不透明で、説明責任を果たす姿勢に欠け、情報公開に消極的な大田区の姿勢です。計画に基づかない突然の行政内部の意思決定という問題があらわれた事業だと考えられます。

計画に基づいた行政執行、情報公開、説明責任などについての問題意識は、それ以降、私の議員活動の基本となっています。

情報公開と説明責任

議員が議会で議決する際に必要なのが、その根拠となる資料です。議案であれば、審議の際に委員会に提供されるべきだと思いますが、十分な資料が提示されないことは珍しくありません。それどころか、資料を求めても、「情報公開請求をせよ」と言われ、開示請求の手続きをしたら対象となる文書は非公開だったり、不存在だったりすることもあります。

委員会で資料を求めても、ほかの議員が賛同せず、委員会として求めれば出てきたかもしれない資料を個人で担当者に請求しないさいと言われ、情報公開請求したこともあります。

こういうところにも多数決の弊害があらわれていて、フェアではありません。

特に最近では、事業者選考において、入札ではなくプロポーザルで決めることも多くなりました。入札は、一定の要件を満たし、入札した事業者の中から最も安い金額を提示した者を選ぶしくみです。それに対しプロポーザルは、募集要項で応募資格や提案事項を定め、応募者の中から一番良い提案を選びます。

入札が価格という客観的な指標で選ぶのに対し、プロポーザルは、評価基準などを定めますが、選定委員の主観に左右される部分も少なくないうえ、評価基準は複数にわたり、どの基準に重きを置くかの配点も行政内部で決めるので、基準や配点により、事業者の有利不利が分かれる可能性もあります。

一次審査で非常に低い配点だった事業者が、二次審査の一項目で逆転し選考されたこともあります。評価が適正に行われたかを知ろうと思っても、企業のノウハウだからという理由で、提案内容は公表されず、その評価が報告されないことも珍しくありません。それどころか、選ばれなかった事業者の提案内容や名前すらも「企業秘密」を理由に情報を出さなくなってきています。

いま「出さなくなってきている」と書いたように、当初は、情報を出していたのです。たとえば、図書館の指定管理者を指定していた初期の頃は、評価項目ごとの点数を示すなどして、何を評価して選んだのか、選考から外れた事業者も、企業名まで出していました。企業名は出さないものの、A社、B社という形で公表していた時期もありますが、今ではそれも出さなくなってきています。より良い提案を選ぶためのしくみがプロポーザルなのですが、何がどう良かったのかがブラックボックスになってしまっています。

さらに、プロポーザルも行わず、区長の独断で決める専決処分も新型コロナで目に付くようになっています。給付を急ぐとの理由で、特別定額給付金事業を担う事業者を入札で決めずに、区長が独断で事業者を選びました。専決処分で決めたにもかかわらず、結局、他区よりも給付が遅くなってしまいました。

入札は、税金の使途の公平性を担保し、低い価格で選べるというコストの面だけでなく、質を担保する上でも大切な役割を担っています。入札にも課題はありますが、プロポーザル、専決処分などには、税金の使い方の透明性や公平性の担保の面で課題が出てきています。

情報公開条例は、区民の知る権利を守るための条例だと思っていましたが、事業者のノウハウを守るために運用されていると感じる場面が増えています。

「行政の無謬性」という言葉があります。難しい字が使われていますが、簡単に言えば、行政は間違えないということです。全体の奉仕者として、法令の範囲内で、業務を執行してきた行政が法令を守っている間は、無謬性が成立していたのかもしれません。

たとえば、不動産価格の目安を示す「財産価格審議会」というのが大田区にありますが、その審議会の議事録は非公開になっています。会議での議論や配布された資料を見たくても見ることができません。財産価格審議会で了承を得たことが、適正な価格とほぼ同じ意味で使われています。

ところが、地方分権一括法や規制緩和などにより、地方自治体に裁量権が生まれるようになると、民営化が拡大し、行政が担っていた分野を民間企業などが担うようになっていきます。

そうなると、仮に行政には無謬性があって間違えないのだとしても、民間企業は全体の奉仕者となるように法律では縛られていませんから、営利企業は大田区で株主の利益を優先するように仕事をしてしまうかもしれません。「そうはならない、大丈夫だ」と言うのであれば、その正当性を行政大田区が示すべきで、そのための情報公開と説明責任なのだと思います。それが示されなければ、何を根拠に大丈夫だと言えるのでしょうか。

間違いを起こさない行政（大田区）が選んだ民間事業者が「適正」であることを示すはずの、各種手続きを経たことの証拠書類が「企業秘密だから出せない」のだとするならば、民営化そのものの適否を考えなければならないと思います。

大田区が裁量権を使っているとなると、その裁量が適正かどうかの判断となる根拠も必要です。

(旧)西行政センターの移転問題で学んだのは、情報公開が大切だということでしたが、その根底にあったのは、計画にないことを行ったという問題だったと思います。

(旧)西行政センターを元々の場所で長期間使用するつもりだったことは、直前に行われた(旧)西行政センターの大規模改修や駅前までの点字ブロックの整備などからも明らかでした。

方針にも計画にもなかった移転を決めたのは、その後に入る事業者が建て替えをするための用地取得の意向であり、区民の発意ではなかったのです。

私が求めた情報は、その意向を受けて、大田区がどう動いたのかを説明し、大田区が移転を決めるまでの手続きが正当なことを示す情報、文書でした。

行政は、法令に基づき、長期的な視点から都市の将来像を基本構想で示し、法令で規定される都市計画マスタープランをはじめ各種の方針などをつくり、それらに基づいて長期計画を定めます。それを具体的に進めるために実施計画を立てることなどで実効性を高め、少しずつ、その将来像に向かって進んでいきます。

言ってみれば、長期的な将来像である基本構想は大田区という船が進むべき目的地です。とても重要で、だからこそ策定したら区民(住民)の代表である議会の同意を得ることで住民との合意形成をはかっていたのです。

ところが、地方自治法が変わり、基本構想を議決事項とするかどうか、自治体毎に決められるようになった今、大田区はこれを議決事項にはしていません。

今の大田区の基本構想は二〇〇八年に議決したもので、二十年後の二〇二八年までをその期間対象としています。その後、大田区は基本構想を議決事項としていませんから、今後の長期的な大田区の将来像は、議会の同意というかたちでの住民との合意もなく、行政内部で決められていくことになるかもしれません。

そうなると、地方分権で大きくなった大田区の裁量権は、ますます、民間の営利事業者の営利のために使われてしまうかもしれません。

住民との合意に基づき長期的な自治体の将来像を示した基本計画のない中、区政が執行されるということは、思い付きで、予定外のことができるようになるということです。区民との合意に基づき予算を作っていた予算編成権を持つ首長が、誰の意向で予算を編成するのか、という「発意」の問題でもあります。

情報が公開されないことも問題ですが、そもそも、文書を保存していない、破棄してしまったという問題もあります。

情報公開法令は、情報を公開する際の基準や手続きを定めていますが、一方で、文書の保存年限が定められています。メモ書きであって公文書ではない、という理由で公開されない文書が問題視されていますが、その陰で、膨大な量の文書が廃棄されています。

近年、デジタル化が急激に進んでいます。デジタル化は、場所をとらずに文書を保存できますから、文書保存の救世主のように思われますが、意外にも、文書保存の長期化には結びついていません。逆に、大量に文書を破棄する時代になってきたと感じています。

過去の経緯を調べようと思っても、記録がなければたどることができません。係った人も入れ替わりますし、関係者の記憶も薄れますから、引き継がれません。
次の話は、記録がなかったことによる問題です。

記録がなかった耐震偽装

二〇〇五年頃、姉歯一級建築士（当時）が建築物の耐震強度などの数値を改ざんした構造計算書を作成し、行政や民間検査機関が偽造を見抜けずに、耐震基準を満たしていないマンション等が建てられていたことが発覚しました。いわゆる耐震偽装問題です。マスコミが連日のように報道したので、覚えている方も多いかと思います。

それまで、建築の分野にはあまり取り組んだことがありませんでしたが、耐震偽装の第一号が大田区池上にあるマンションだったということで、一念発起して、この問題に取り組みました。耐震偽装問題が発覚したことで、建築確認を受けた建物の安全性に対する信頼が大きく揺らぎました。

それまで、建物を造る際の建築確認は、その建物の所在する特定行政庁が行ってきましたが、一九九八年の規制緩和以降は民間の検査機関でも実施できるようになりました。

耐震偽装は、姉歯建築士や株式会社ヒューザーなどの固有名詞が何度も報じられたために、属人的な色合いが強く印象付けられましたが、行政が行ってきた確認申請の「民間開放（民営化）」に伴って起きた問題とも言えないでしょうか。この偽装によって柱などの数を減らし建築コストをかけずに建物を建てられたデベロッパーなどは、その分利潤をあげることができたのだと思います。

確認検査機関の民間開放によって、規模の大きな建築物の確認業務は、特定行政庁から民間機関に流れたと言われています。建築業者にとっては、早く確認を済ませてくれる民間の検査機関の方が、その分早く完成させて販売できますから、当然歓迎されます。丁寧にチェックして安全性を確保すべきですが、耐震計算ソフトを使っていれば安全性が確保されているものとして確認を下したことが、偽装を見過ごす結果になってしまったのです。偽装物件の多くは、一九九八年の指定検査確認機関の民間開放以降に起きており、耐震計算ソフトでの計算結果を何らかの形で改ざんする方法がとられています。デジタル化をめぐる問題の先駆けという風にも言えるかもしれません。

偽装の多くは、特定行政庁で起きたのではなく、民間検査機関で起きた問題だったのです。

ところが、一連の偽装が行われた建物のうち、大田区池上で姉歯建築士が設計した建物は、耐震計算ソフトを使用していなかった民間開放前に大田区が確認検査を行っていました。大田区は、当時、申請書類で偽装が行われたのか、あるいはその後にいわゆる手抜き工事が行われたのか、確認した設計図書が残っていないためわからないと、区長が答弁しています。

偽装物件に関する議会質問について大田区は、建築確認関係の図書の保存年限は確認処分後五年間保存、ただし、工事完了届をして検査済証を発行したものについては一年と答弁しています。当時、他の自治体では、確認済図書は五年間保存しており、民間の検査機関や設計士も法令や省令により五年は保存することと定められているのに、大田区は、なんと一年で破棄していたのです。

偽装が発覚した建物の建築確認は一九九八年七月、耐震偽装が表面化したのが二〇〇六年ですから、保存年限の五年は過ぎていたものの、大田区が一年で図書を廃棄していたのは問題だったと思います。

耐震偽装は、民間検査機関が偽装された確認書類を「見過ごした」ことによって起きましたが、区が確認を行った大田区の事例は、設計図書が残されなかったことで、どこに瑕疵があったのか曖昧になってしまいました。

この問題が発覚した後、二〇〇六年当時、大田区は補正予算に「改ざんできない」耐震計算ソフトの購入費を計上しています。耐震計算ソフトの購入は、一定の効果はあったかもしれませんが、本質的な解決ではなかったと思います。

いま考えれば、たまたま大田区という特定行政庁で設計図書と実際の建物との不一致が発覚し、偽装が疑われましたが、手抜き工事だった可能性もあったのです。「偽装物件の多くは、指定検査確認機関の民間開放以降に起きており、耐震計算ソフトでの計算結果を何らかの形で改ざんする方法がとられていた」ことから考えれば、人の手で確認しなくなったことが、新たな見過ごしのリスクを招いてしまったのかもしれません。

大田区は、特定行政庁ですが、区内に建てられる一万平方メートル以上の建築物の建築確認の書類は、民間検査機関から東京都に送付され、大田区には建築概要書しかありません。民間開放以降、大規模建築の確認は、特定行政庁ではなく、ほぼ民間検査機関で行われているにもかかわらず、偽装の問題は、二〇〇五年の最高裁で、特定行政庁に責任があるとされています

民間事業者が見過ごしたとしても安全性の責任は大田区にある、というのが司法の判断ですが、大田区にできることにも限りがあり、ここにも、民間開放の矛盾が表れていると思います。

本来、建築関係の書類は、この後にお話しするアスベスト問題の経験もあって、解体したあとも長期間残すべき、というのが私の基本的な考えです。

耐震偽装については、地元で起きた問題でありながら、議会で取り上げる議員がいないかもしれないと思い、知人の元国交省の方に相談するなどして、力を入れて取り組んだ問題です。それまで私が取り組んだことのない分野ではありましたが、耐震偽装関係の勉強会を行っているグループと知り合い、その後のマンション紛争や、まちづくりや都市計画・開発などの問題に取り組むきっかけとなりました。

地域で起きた問題に深くかかわったことで、区民生活と国の制度や地方自治体との関係についても深く考えるようになり、その後の私のテーマの大きな柱のひとつになったと思います。

アスベスト問題――記録を残すために法規制を

記録を見ることが難しいのであれば、届け出に明記させることで可視化し、適正処理につなげようとしたのがアスベスト問題です。いわゆる「クボタショック」の少し前から、建物の解体改修時におけるアスベスト飛散防止の問題に取り組んできました。

大田区立梅田小学校の体育館解体でアスベストの有無を、「中皮腫・じん肺・アスベストセンター」（以下、アスベストセンター）の方と一緒に調べに行ったとき、東京都から購入した体育館の建て替え用地からアスベスト廃材が見つかり、それ以降アスベストの問題に取り組むようになりました。

この時に、過去に建材などに使われたアスベストが解体や改修の際に飛散し、それを吸入すると中皮腫や肺がんなどを発症する恐れがあること、また目に見えず、長い潜伏期間を経て発症するため、いつ吸い込んだのかわからず病気との因果関係が判明しにくいこと、飛散させない適正な防止策をとった解体や改修が一番の予防策だが、十分に予防するにはコストをかける必要があり、不法な解体や改修が後をたたないことなどを学びました。

梅田小学校の体育館建設用地に放置されたアスベスト廃材の問題は、こどもを守りたいと願う梅田小学校のPTAの役員の皆さんが中心になって熱心に取り組み、大田区教育委員会に働きかけたことで、十分な飛散防止策をとって処理されました。

クボタショックは、アスベストを扱う企業が、現場の労働者ではなく、周辺住民の環境被害を認めた点で画期的と言われ、これにより環境被害者の救済が進みました。環境被害への関心が高まっていた時期だったこともあり、「適正解体、適正処理を！」という呼びかけは、多くの関心を呼び起こしました。

私のHPに梅田小学校の件を掲載したこともあり、その後も、都営アパート・区営住宅・民間建物など区内の建物解体におけるアスベスト飛散防止について数多くのご相談を受け、取り組んできました。そのひとつ、閉店して何年か経っていた池上のボーリングセンターは、同系列の他の施設で大量の飛散性アスベストを使っていたことが発覚したのもあって、当初からアスベストセンターが注意していた建物でした。

解体することが決まり、解体業者が事前に行った調査結果を調べたところ、アスベストの量が想定していたよりもあまりに少ない結果だったので不審に思い、近隣住民に呼びかけてアスベストセンターとともに再調査を求め、事態の改善に向けて動きました。

不法解体が行われれば、アスベストが飛散し、周囲に広く拡散することから、住民とアスベストセンターとともに、解体業者や工事施主にも改善を求め、大田区にも逐次情報提供しました。

アスベストの飛散防止策には多額の費用が掛かることもあり、ずさんな工事になりがちです。建材にアスベストが使われていれば、解体などの際に安全策をとらなければなりませんが、外観だけ見ていてもアスベストの有無はわかりません。

アスベストの有無を確認するには、建築した際に使用された建材が書かれている図面で確認しなければなりません。たとえば、都営住宅の天井に使われていたひる石やアスベスト飛散防止策が適正に行われたのも、東京都（住宅供給公社）の図面があったからですが、民間事業者の解体や改修の場合、周辺住民は、民間事業者の図面を見ることはできません。

池上にあったボーリングセンターでは、事業者側が内部調査に応じ、アスベストセンター立ち合いのもと、調査することができましたが、同意されないこともありますし、気づいたら解体されていたという事例がほとんどです。

そのうえ、廃棄物リサイクル法により、アスベストが混入した廃材が、アスベストがないものとしてリサイクルされると、破砕され砂や砂利などの建材の一部として半永久的に環境内で循環することになります。過去にアスベストが使用されていた建物の解体や改修もまだしばらく続きますから、飛散防止策と適正解体は、今後も大きな課題だと思います。

特に、アスベスト飛散に関わる所管が、大気汚染防止の観点から環境省、現場で作業する方たちの健康を守る立場から厚生労働省、解体の届け出は国土交通省だったため、安全な解体工事につなげることは簡単ではなく、アスベストセンターとともに各省庁に働きかけたこともあります。

そこで、これまでの経験をもとに、解体時に不可欠な届け出の用紙に、アスベスト建材の使用の有無の欄を入れるよう大田区に働きかけ、実現させました。

二〇二二年四月一日から、大気汚染防止法に基づき、一定規模以上の解体や改修工事の際にアスベストの有無の事前調査結果を都道府県や労働基準監督署に報告することが義務化されました。当時は、そうした制度もなかったのです。

日本は、アスベストが産出国で有害性が明らかになった以降も輸入を続けたと言われ、国の姿勢も問われています。国内の買い手を失った生産国の企業が、国外に販売先を求めたのに対し、国として安全性への理解や対策が十分でなかったということです。

大田区には、過去にミヤデラという大きな製造業者が大森南で操業しており、その周辺での環境被害の問題も二〇〇九年ごろに起きています。過去の取り組みをＨＰでご覧になった方から、つい先日もご連絡をいただきました。アスベストの問題もまだまだ終わっていません。

その後の原発事故とそれに伴う災害がれきや放射能の問題、遺伝子組み換え食品、農薬、新型コロナウイルス感染症など、目には見えないが人の健康に影響を及ぼすものは、因果関係を立証することが難しいことから、適正な対策を取らなくても、その後の責任を問われる可能性が低く、コストを伴う安全対策が杜撰になりがちです。目に見えないものから私たちの生命や安全をどう確保するかを考える大きなきっかけになりました。

災害がれきの広域処理――市民と一緒に証明する

東日本大震災の時に発生した津波で、大量のがれきが東北沿岸部を中心に残されました。その瓦礫の処理を全国で「絆と支えあい」で引き受けようというスローガンのような掛け声とともに始まったのが、災害がれきの広域処理です。原発の事故と津波の被害は、大きな衝撃でした。そうした惨事のなか、「絆と支えあい」を全面に出した災害がれきの広域処理は、当時、広告代理店が作った政府の広報サイトなどから大きく発信されました。

東京都も受け入れ先になっていて、東京二十三区清掃一部事務組合が焼却処理に手を挙げました。被災地のために何かしたいという想いからがれきを受け入れたい気持ちと、被災地の復興や予算や安全性や効率性などから見た妥当性を考えれば、現地で処理すべきという想いとで、本当に悩みました。「絆と支えあい」という精神論的スローガンが全面に押し出されたキャンペーンを環境省は行っていて、受け入れるべきではない、現地処理すべきという声をあげるには、勇気が必要だと感じる状況でしたから、なおさら悩みました。

今から振り返ってみれば、東日本大震災はまさに火事場ですから、火事場に乗じて、これまでしていなかったこと、できなかったことを乗り越えようとしていたのかもしれません。

私が、国家戦略特区のワーキンググループの議事録に「今も火事場だという認識をつくる必要がある」という言葉を見つけたのは、この災害がれきの広域処理の問題に取り組んだ後のことでしたから、「ショック・ドクトリン」という言葉も思い浮かびませんでした。

それでも、がれきを遠距離まで運び、清掃工場を建設して遠方で焼却処分しようとする国の方針とそれに伴って対応した自治体の動きをみていると、次のようなことが見えてきました。

(1) 一般廃棄物の処理が自区内処理の原則に外れていたこと。

(2) 災害がれきが有害であれば、動かしてはならないこと。

(3) 安全なら、現地で時間をかけて処理すべきこと。

(4) 調べてみると、処理量と処分能力からみて現地で十分処理できたこと。

(5) (1)~(4) の状況なら、あえて予算を区域外に落とすより、復興のためにも被災地で使うべきだということ。

(6) にもかかわらず、災害がれきの広域処理を名目に、清掃工場の建て替え予算を被災地外に多額につけていたこと。受け入れ自治体の中には、住民の反対がありながら、受け入れに手をあげている自治体も見られ、災害がれきの広域処理のためというより、災害がれきの広域処理を機に、焼却工場の更新予算が付くから受け入れに手を上げているのではないかと思われる自治体があったこと。

こうしたことが見えてきたのと手を挙げた時期とは前後していて、すべてが解明してから、反対の声を上げたわけではありませんが、考え抜いた挙句、どう考えても現地で処理すべきと考えて、情報発信を始めました。

すぐに『東京新聞』が取材に来て取り上げられ、その後、テレビの取材もあって、賛否分かれる中、反対する住民とともに、大田区、東京都、環境省との交渉や現地への視察を重ね、その間、学習会を繰り返し開くなどして、最新の情報を提供・発信し続けました。

仙台、女川、釜石、石巻など、現地にも何度か足を運び、現地のがれきの安全性やがれきの置き場、処理処分の現状、津波の被害を受けたまちの復興のためのまちづくりの進捗状況も調べました。がれきが復興の障害になると言った声もあったからです。

がれきの処理をしなければならない現地の自治体から、処理処分方法別のがれきの量や焼却施設の処理処分能力も確認しました。

災害がれきの広域処理の問題では、いろいろな方たちと連携しました。

大田区では、二人の区民と私ともう一人の議員との四人で取り組み、環境総合研究所の青山貞一氏と池田こみち氏にもお世話になりました。環境総合研究所のお二人から、四人を「レディース」と名付けていただき、何回か、研究所で動画を録って発信していただきました。

また、学習会を聴きにいらした岡山市の市議とつながり、岡山県の県議や市議と一緒に仙台市や岩手県に視察にも行きました。

私は、現地のがれきの量と現地での処理能力を比較しながら、現地処理できるのではないか、という視点で取り組み、そうした調査を重ね発信を繰り返しました。そうこうするうちに、行政が発表する処理量は、見込み違いなどで次第に減り、広域処理はしりすぼみに終焉しました。

正確な量を把握せず概算で公表し、広域処理の必要性を印象付けたかっただけかもしれません。

災害がれきの広域処理の問題は、社会全体が、被災地のためにとにかく何かしたいという想いから、大きく広域処理へとなだれ込みそうなときに、現地に行き、原理原則に立ち返り冷静に現状把握につとめたことが結果として災害がれきの広域処理の早期終焉につながったと思っています。

現地に視察に行ったときの県の職員との話のなかで、広域処理を必ずしも被災地では望んでいないということが見えてきました。当時、職員は、「災害廃棄物の処理を進めたい。また、現状、現地で処理できないものを受け入れてもらうことについて、被災自治体が感謝している。しかし、だからと言って、遠くまで運送費用をかけて処理すれば、それだけ処理費用もかさむ。当面の廃棄物処理費用は国により一〇〇パーセント補助されるが、かかった費用が、被災自治体の将来的な財政へのマイナス要因につながる。県では、そうしたことも配慮しながら、国に判断を仰いでいる」と言っていました。

国の広域処理のキャンペーンだけが、正解ではなかったということだと思います。

当時、私は、ブログで、「阪神淡路大震災の時の起債が、その後の自治体財政の負担要因になったことに私たちは学べているのか」と問いかけています。

東日本大震災と津波で生じた災害がれきをどう処理するか、という問題は、国やマスコミの情報を鵜呑みにすることなく、現状を正確に把握することにつとめ、各地域の市民運動グループや環境問題に取り組む市民や環境ジャーナリストとも連携し、情報交換しながら、取り組んだことが、広域処理の大幅縮小と終焉につながったと思っています。

それと同じくらい、矛盾があり発信に勇気が要るのが、新型コロナの問題です。新型コロナは、解明できない部分もあるうえ、いまもその最中にあり、最後に少し触れたいと思います。

特別養護老人ホームの入所基準――現場の声を聞いて

資料（記録）を見たことで、改善できた問題もあります。

大田区特別養護老人ホーム（以下、「特養」）の優先入所基準の問題について取り組んだのは二〇〇九年のことです。

かつて特養への入所は、申し込みの先着順でしたが、介護の必要度に応じて、入所の優先順位を決めるべきだと訴え、基準を設けて優先入所を実現させました。これは、最初の選挙の時に訴えたことの一つでもあります。

ところが、入所基準の中には、すでに有料の介護施設に入っている方のほうが現状在宅で介護を受けている方が申し込むよりも、入所の基準を満たしやすくなる項目があることがわかりました。

有料の施設に預けることができず、仕事や自分の時間を削って在宅介護をしているご家庭もありますし、できるだけご家族と一緒に過ごしたいと在宅で介護する方もいます。ただ、同じくらい介護を必要としていても、ご家族との過ごし方についての考え方や、経済的状況によって、特養への入りやすさが異なることに疑問を抱き、調査を始めました。

当時大田区は、お金を支払ってでも施設に入所させなければならない人ほど優先度が高い、と説明していましたが、私が訴えていたのは、優先度の評価の基準に有料施設への入所をいれるかどうかという話です。取り組んだことで、有料施設に入所しているかどうかの基準はなくなりました。

調査の中で、大田区が優先入所の基準に従い、入所希望者の優先度を項目毎に数値化していて、その合計点数の順番に並んだ資料を大田区が作っていることを知り、情報提供を求めると、個人名は伏せてある資料を見ることができました。

資料を見ると、必ずしも点数が高い順に施設に入れるわけではなく、優先度が高い希望者の中にも入所できていない方がいることがわかりました。

理由を調べたところ、痰の吸引や胃ろう、インスリン注射など「医療的なケア」が必要な入所者は、専門的な知識や技術を持った職員の配置が必要なため、配置された職員数で対応できる範囲でしか入所者を受け入れることができず、受け入れ人数が制限されていたのです。

そこで、施設ごとに医療的ケアを必要とする入所者の受け入れ状況を調査すると、施設によって大きな違いがあることもわかりました。

医療的ケアを必要とする方の受け入れ人数が施設ごとに違う問題について議会で取り上げると、少しずつ、施設ごとの入所者数の差が小さくなっていきました。

職員の配置は、コストに関わる問題でもあり、また、各施設の運営方針によっても違います。当時、区立特養は私立特養より多く医療的ケアを必要とする方を受け入れていました。区立特養は、人員配置などのコストや経済性ではなく、受け入れが必要かどうかで判断していたからです。このことからも、区立特養の意義について考えるようになりました。

特養の優先入所の基準や、医療的ケアを必要とする方の受け入れについて議会で取り上げたことで、状況が改善されました。この問題に取り組めたきっかけは、区民からの情報提供でしたが、大田区が作っていた、入所希望者の優先度が数値化された資料を見ることができたことにより、点数が高くても入所できない人がいると知ったことも大きかったと思います。

現場の声と、根拠となる資料があってはじめて、事態を改善することができたわけです。

今回のように、資料やデータから得る気づきは少なくありませんし、データから疑問や仮説が生まれることもあります。

ところが、その後、入所希望者の優先度に関する資料の公開を大田区は拒否しています。現場での公平な入所を確認するための根拠資料が開示されなければ、特養の入所が公平に行われているのかどうか、確認することもできません。

実は、この優先入所の基準は、どの自治体も当たり前のように行っていることだと思っていましたが、最近になって、すべての自治体で行われているわけではないことがわかりました。

たとえば横浜市では、行政が入所の調整はしていません。そのため特養に入所を希望する個々人が、施設と直接やり取りを重ね、入所が決まっていきます。国が要介護三以上という要件を示していますので、その要件に当てはまれば、優先度の程度は関係ありません。あとは施設に空きがあれば、入所できることになります。大田区と比べると、施設ごとの入所費用に大きな差があると感じました。

大田区では、入所の申し込みがあった場合、本人の状況や介護の状況等を点数化し、区が一次評価を、施設で二次評価を実施した上で、優先順位を決定し、家族などに通知するという手順をとっています。二次評価においては、施設ごとに外部の委員等を含めた入所委員会等を設けています。

まずは区が客観的な数値で基準を示し、次に専門的知識を持った委員などで構成される入所委員会といった開かれた場で、希望者の入所が決められているのです。

大田区では現在、この入所委員会を九月と三月の年に二回開催しています。タイミングを逃すと最長約六カ月間入所申し込みが先送りされるという課題もありますが、頻繁に行うようになると、優先入所の基準を定め、その基準に基づいて第三者が客観的評価を行うことが難しくなる恐れがあります。

大田区の場合、入所委員会の開催が年に二回というのが最適かどうかは検討の余地がありますが、優先入所の基準と入所委員会の存在が、公平公正な特別養護老人ホームの入所を支えていると思います。

公平性を保てているのは、やはり「福祉の美濃部都政」と言われた、これまでの東京都の福祉行政の蓄積によるものだと言っている方がいました。

このように、背景を含めて調査をすることで見えてくるものがあります。それを改善したり守ったりするのも、議員の大切な役割の一つだと考えています。

計画にない突然の方針転換は誰の発意で進むのか

(旧)西行政センターの移転が、当初の計画や方針から外れた、突然の方針転換だったことが議会で議論を呼んだように、大田区が突然、方針を転換したものは少なくありません。

そうした事例のうち、大田区総合体育館、(旧)大森北一丁目開発、羽田空港跡地開発の三つの事例についてお話ししたいと思います。これらのうち大田区総合体育館と大森北一丁目開発は区長が変わったことが、羽田空港跡地開発は国の委員会が立ち上がったことがきっかけとなり、方針転換が起りました。

首長が変わったとしても、手続きを経なければ簡単には事業を変えられないことを「行政の継続性」と言いますが、議会への報告や区民への説明の積み重ねの中で進められてきた事業や計画がいとも簡単に覆され、違和感を覚えたのがこの三つの事例です。

大田区総合体育館――区民不在の意思決定と指定管理者制度

大田区体育館の老朽化に伴い、体育館の建て替えが計画がされました。基本設計までできた段階で区長が変わりました。

新しい区長は、それまでの計画を一新しました。区民の余暇や健康のための地域の運動施設だった体育館は、「するスポーツから観るスポーツ」をキャッチフレーズに、興行のための施設に大きく様変わりしてしまいました。

当初は、地下一階地上二階建て、収容人数三千人の規模でしたが、地下二階地上二階とフロアがひとつ地階に増え、収容人数が三千人から四千人に増えました。この変更により、区は、地下二階にするため建設費用などが五億円程度多くなったと説明しています。

また、大規模になった大田区総合体育館は、指定管理者制度を採用し、民間事業者に施設の使用許可等の権限を与え、施設を使った利潤追求を可能にする自主事業を許し、各種のスポーツ関係の教室などを開催しています。

区民生活に最も密着した自治体である大田区が建設すべきスポーツ施設は、はたして「観るスポーツ」なのでしょうか。私は、区民が日常的にスポーツを楽しむための体育施設を作るべきだという考えです。規模が大きい体育館は、借りるのも高額になりますし、大きなフロアを借りてもそこまで大人数で使うこともあまりないので、区民の日常的な利用には合わないと思ったのです。

たしかに、スポーツを楽しむあり方も変化してきているように感じます。仲間で声を掛け合ってスポーツを楽しむ方たちが減ってきて、スポーツクラブに通うように、地域の体育館が主催するスポーツ教室に参加する方が増えているように思います。専業主婦などが減り、働く人が増え、地縁が薄れるなど、仲間を募ってスポーツを楽しむより、手軽に参加できるスポーツ教室などが好まれるようになっているのでしょう。

そうした意味では、大田区総合体育館の指定管理者が、自主事業としてスポーツ教室などを開催しているのは、今の区民の生活様式や働き方などに合っているのかもしれません。

こうした視点からつきつめて考えていくと、大田区総合体育館の問題は、次のような点にたどり着くのではないでしょうか。

(1) 割合が増えている「観るスポーツ(興行)」のために、区民の税金を使った体育館建設は必要か。興行となれば、規模も大きくなり建設コストも嵩むことになる。

(2) 私たちの公共の土地の上に、税金で体育館を建設し、その施設を民間の事業者が施設使用料を払わずに営利目的で事業を行うことは許されるのか。許されるとすれば、どの程度まで利潤をあげることが許されるのか。

（3）公共施設である大田区が作る体育館の公共目的とは何なのか。営利目的との違いはどこにあるのか。

政策は区民が望むことだ、と区民を前に講演した区の職員がいましたが、私たちの望むこと＝ニーズ全てが公共目的と言えるわけではないと思います。スポーツを見れば楽しいですが、他の施策との優先順位もあります。

しかも、そこで利益をあげる事業者は、施設使用料も支払わなくていいのです。

たとえば、私たちは、新たな事業や商売を始めようと思えば、自分で資金を調達し、リスクをとって投資し、売り上げを伸ばすため、どのようにして顧客を確保するか、頭を悩ませながら努力します。

しかし、大田区総合体育館を管理運営する指定管理者やスポーツチームは、本来負担すべき施設建設費相当を負担せずに、事業利益をあげています。

応援しているチームの試合が観られることや手軽にスポーツを楽しめることは良いことだと思いますが、税には限りがあります。

大田区総合体育館はコンセプトを「観るスポーツ」に変更したために建設コストが五億円も増えました。そこに税金を投入すべきだったのでしょうか。すべきだとしても、興行する事業者は、その建設コストに応分の負担はしているのでしょうか。そこで行われる試合などのチケット代は、妥当な価格なのでしょうか。費用を負担するならば、どんな事業であっても、私たちの公共の土地を使って営利活動をしてもいいのでしょうか。

こうしたことを見過ごすことで、公共と営利目的の市場経済活動との線引きがあいまいになってきているのだと思います。

公の施設の管理運営の一手法である指定管理者制度は、施設の用地取得や建設に係るコストを負担していませんから、大きな視点で見れば、上下分離方式と言えるかもしれません。指定管理者制度であっても、この大田区総合体育館がまさにそうですが、営利目的の自主事業を許している施設も少なくありません。当初は曜日や時間帯など制限を設けていた指定管理者の自主事業ですが、最近では自主事業できる曜日や時間帯も拡大しているようです。

大田区総合体育館は、指定管理者制度の利用料金制を採用しています。区の施設である体育館を利用した料金を、大田区が徴収するのではなく、事業者が直接徴収するのです。

つまり、大田区が料金を徴収していた時には区の収入（歳入）になっていた金額が、区の歳入から除かれることを意味します。大田区が特養の利用料金を採用した初年度の説明の際に、区は歳入から四十億円が消えたと報告しています。区民は特養の利用料金を負担していることに変わりはありませんが、支払う先が区から社会福祉法人に変わったからです。

大田区の予算で見ると収入が減って、まるで区民が負担していないように見えます。

この時、民営化の本質が見えたように思いました。民営化すると、あたかも区民が負担していないように見えるけれども、たんに会計上のしくみが変わっただけで、実際の負担は変わらないものが多いのではないかということに気づきました。

大田区総合体育館の利用料金の収入は二〇一五（平成二十七）年度決算で九三〇〇万円でしたが、二〇一八（平成三十）年度決算では一億三〇〇〇万円と、四四・七パーセントも利用料金収入が増えています。しかも、指定管理者は協定料で赤字にならないようになっていますから、自主事業分はほぼ利益になる計算です。

かつては、自主事業を行う際に、通常利用に影響を及ぼさないよう今より厳しい制限がかけられていた時期もありましたが、制限がなくなれば、民間のスポーツクラブと公の体育施設で行う自主事業との差も見えなくなってきます。

民間のスポーツクラブが、自己責任・自己努力で用地を取得したり、施設を建設したり借り受けたりしている一方で、そうした負担なく自主事業できる事業者が存在しているわけです。

公の施設で営利活動＝お金儲けを許していることについて、いま、きちんと考えておかないと、ある分野を担う業者が大規模化し、その事業者が自治体の内外を問わず事業を受けその分野の市場を寡占していけば、事業者が料金の主導権を持つようになるかもしれませんし、施設管理運営費を高額に請求してくるかもしれませんし、高額でなければ施設管理運営を担わなくなるかもしれません。

私たちが問題にしている格差は、大田区が指定管理者制度などの公的分野を営利企業に開放したことで生まれている部分が少なくないと思います。

（旧）大森北一丁目開発——区民の土地を投資家に？

ＪＲ大森駅の東口から入新井第一小学校に向かって、道路を渡る手前右側の通り沿いに、かつて入新井出張所と入新井図書館がありました。

この土地を、駅近くの土地を所有していた企業と土地を交換して、駅前に図書館、出張所、（旧）大田区北行政センターと大森清掃事務所を移転させるという計画が進められていました。

ところが、土地交換を決めたあとになって、大田区は、この地域の「にぎわい創出」のため（旧）北行政センターと大森清掃事務所は移転させないことを決定します。また、大田区は、この土地を五十年間の定期借地権により貸し出します。借り受けた事業者は、この土地に建物を建設したのち、Ｊリート（不動産投資法人）と呼ばれる不動産投資法人に信託受益権を譲渡し、利益を投資家に分配するしくみを採用してしまいました。

この事業スキームにおいて、大田区は、土地を貸出し、地代を得る地主であると同時に、民間が建設した建物の一部を大田区の図書館・出張所・集会施設として借り受ける店子になっています。

結果、大田区が土地交換までして取得した用地に建った建物の公用・公共用目的は施設全体の二割に留まっています。

交換の際には公用・公共用使用割合が高く、区の土地交換の規定に沿っていたのかもしれませんが、ところがその後、目的を変え、公用・公共用目的外で使うことを議会も許してしまったのです。

大田区は、大田区の土地に区が施設を建設し、その建物を区で所有しない理由について、「区が建設、所有すると自治法に触れてしまうため」と答えています。

自治法では、区の財産を事業者に貸し付けてもよいのは余裕のある部分に限ると定められています。区が建設して八割も貸し出すというのは、もはや余裕の範疇を超えていますから自治法に触れてしまうのです。(旧)大森北一丁目開発で、大田区の土地の上に民間企業が建てる建築物は公共でも公用でもないということです。

民間企業が自分で建てた建物を、誰にどう貸そうが自由なのに、何を言っているのかと思われるかもしれませんが、ここには、土地の貸付金額が大きく関係しています。

大田区は、この土地の貸付地代を東京都が公共使用を目的に貸し出す場合にならって三パーセントを基準に定めています。

公共目的なら三パーセントの利回りを想定した地代で許されますが、公共目的が失われているのに三パーセントの利回りで貸し出すのは、営利目的の場合の五~七パーセントの利回りを見込んだ地代に比べ、安すぎます。

大田区は、区の土地を民間の営利目的の商業施設建設のために貸すことを理解していながら、市場の相場よりも低く貸し出していることになります。

大田区は(旧)大森北一丁目の開発にあたり、地域住民を集めてどんな施設を入れたいか、ワークショップを開いています。そこで住民は、高齢者・子育て支援、障害者支援や教育など、数々の公用・公共用のニーズを挙げていました。前区長の際には、大田区が建築し、そこに公共施設を入れることを前提に、区民の意見を聴取していたのです。それが、区長が変わって、そもそも公共施設を入れないという大きな方向転換をしてしまいました。区長が変わり、（旧）北行政センターを入れないと決まった時点で、開発対策特別委員会では、審議の中心が入居する事業者をどのように選定するかになっていましたが、行政大田区のしていることは、テナントビルを作るデベロッパーや入居者を入れる不動産業者と同じだと思いました。

委員会の中で、当時の副区長は「（これ以上）公共ニーズはない」と答弁しましたが、公共ニーズはないと公式の場で断言したことに大変に驚きました。借地権契約は五十年ですから、その五十年の間この土地のある大森周辺、あるいは大田区に公共ニーズは生まれないと断言しているようなものだからです。

土地交換の際、大田区は、駅により近い民間企業の土地を取得し、その土地の方が価値が高かったので、差額を大田区が支払うことになりました。

莫大な税金を投じて区が行ったのは、営利目的の民間事業者やその事業者が募った投資家に、投資利益を提供することだったのです。

つい先日、委員会にこのスキームの特定目的会社（ＴＭＫ）が変わったという報告がありました。特定目的会社（ＴＭＫ）とは、特定の資産を裏付けとした有価証券を発行するためだけに設立される法人で、この場合、大田区の土地の上に建てたビル（不動産）を証券化するためのペーパーカンパニーです。

「公共目的」が失われたことは明らかな（旧）大森北一丁目開発ですが、大田区は、「にぎわい」という公共目的を理由に、市場価格より安い地代で土地を貸していますから、「にぎわい」は創出されているのかと質問すると、ＴＭＫの変更と施設の目的である「にぎわい」が守られているかは関係ないと言って、答えませんでした。

（旧）大森北一丁目開発でできたビルは、今も入居者が入らず、空き室が目につくビルになっています。

大田区の説明では、旧ＴＭＫは「不動産価格が高騰しており、売却の時期と判断した」のだそうです。売り時ということは、これから下がると見込んでいることの裏返しとも言えます。今は、安い地代と施設の二割程度を借りている大田区の賃料があるから利益を上げられているのかもしれませんが、大田区は、大田区がＴＭＫになる可能性もあると答弁していますから、将来、現在のＴＭＫが売却を希望し、買い手が見つからなければ、大田区が買ってあげると心づもりしているということでしょうか。

民間投資家に投資利益を提供したあと、入居者も入らなくなったら、無理して作ったスキームの尻ぬぐいを区民がしなければならないかもしれません。

いったい、誰が、誰のために、投資スキームに変えたのでしょうか。

羽田空港跡地——国の意向と巨額の土地代

区民不在で大きく方針が変わった中でも特徴的なのが、羽田空港跡地です。

羽田空港が騒音などを理由に沖に移転してできた空き地を「空港跡地」と呼んでいます。この跡地を大田区は開発すると言ってきました。跡地の面積は、当初の二〇〇ヘクタールから徐々に減らされ、最終的に約二〇ヘクタールのうちの第一ゾーン五・九ヘクタールを開発の対象としています。

この跡地の開発については、国と東京都と地元区で構成される羽田空港移転問題協議会の場で検討が行われ、大田区としても二〇一一（平成二十三）年三月に三〇〇〇万円をかけて、「羽田空港跡地利用に関する調査～『国際都市おおた』に寄与する第一ゾーンの検討～」という方針を作っています。ところが、この方針は、二〇一五（平成二十七）年の統一地方選挙後に大幅に変わります。

跡地開発の方針を誰が大幅に変えたかといえば、内閣総理大臣補佐官が座長の「羽田空港周辺・京浜臨海部連携強化推進委員会」です。

大田区は、「跡地に関する報告は、羽田空港周辺・京浜臨海部連携強化推進委員会でやっていて、動きがきちんと行われて報告できる状況があれば適時、報告する」と答弁しているからです。

それまで大田区がコンベンションセンターなどを中心に積み上げてきた内容が反故にされ、内閣補佐官が座長を務め、メンバーのほとんどが国の役人で構成される羽田空港周辺・京浜臨海部連携強化推進委員会に仕切られてしまっているのです。

羽田空港跡地開発について、私が考える論点は大きく言って五つあります。

（1）用地取得はするが、その後五十年の定期借地で民間事業者に貸し出して開発させること。

（2）大田区が国から用地を取得したこと。

（3）しかもその地代は、隣接する第二ゾーンに比べ約九割も安いこと。

（4）財源は、小泉構造改革の地方分権・三位一体の改革で増えた社会保障のための財源を使っていること。

（5）用途がＩＲ五要件のうちの四要件を満たし、カジノが誘致される可能性があること。

（1）用地取得はするが、その後五十年の定期借地で民間事業者に貸し出して開発させること――大きく方針転換した（旧）大森北一丁目開発もこの羽田空港跡地開発も、土地の所有者は大田区で、五十年の定期借地で民間に貸し出すなど、事業形態が似ています。

大森北一丁目では、民間事業者に開発させるために二億円の現金を上乗せして土地交換していますが、今回は一六五億円も区民の税金を使って払っています。民間事業者が開発するための用地を大田区が一六五億円で買ってあげた形です。

（2）大田区が国から用地を取得したこと――最終的には、民間企業の共同体に貸し出すにもかかわらず、土地は、国から大田区が購入しています。そもそも、跡地の開発は国が作った「羽田空港周辺・京浜臨海部連携強化推進委員会」によって動いていますから、国がそのまま貸し出しても良かったわけです。これを大田区が購入した理由について、大田区は、「歴史的経緯だ」と説明しています。

羽田空港は敗戦後、ＧＨＱにより接収されました。接収後、ＧＨＱは空港と周辺住民に対して四十八時間以内の強制退去を命じています。これがあの有名な「羽田空港の四十八時間以内強制退去」です。その後、接収された土地は、日本政府に返還されましたが、住民に返還されることはなく、空港用地として使われています。

戦後の高度経済成長など空港需要の高まりで、空港周辺の住民は、航空機事故、騒音や大気汚染に悩まされ続けてきました。そうした住民の不満の声が高まり、住民の声に区議会・区・都・国が動いて、空港を当時沖にできた埋め立て地に移転する、沖合移転事業が行われます。沖に移転したことによって、空地ができました。当時大田区議会は、「区民生活の安全と快適な生活環境が確保されない限り、当議会は東京国際空港の撤去を要求する」という空港撤去の決議までしています。

大田区は、沖合移転事業が、航空機事故や騒音、大気汚染に悩まされてきた住民の声によって大きく動いたことから、この跡地を航空機騒音問題の抜本的解消のための緩衝帯や緑地として使うことを約束してきました。

だから大田区は、この土地を購入して、「緩衝帯や緑地として使う」と言ってきたのです。二〇一七（平成二十九）年九月二十八日の国有財産関東地方審議会で、

「この羽田空港は戦後GHQに接収された経緯がございます。戦前から空港島の中で暮らしていた住民の方が約三千名ほどいらっしゃった中で、GHQから強制退去命令をうけ、大田区の区民が着の身着のままで周辺地域への移住を余儀なくされた。

この経緯を踏まえて、大田区としては、自ら土地を取得して、空港の中に町をつくって大田区としてしっかりまちづくりを行いたい、という意向もあって土地購入の要望に至った」

と説明しています。

しかし、跡地は、大田区が購入すると言っても、実際に使うのは民間企業の共同体ですから、大田区が購入する理由にはなりません。

仮に所有していることで歴史的な経緯が守られるのであれば、意義はあるのかもしれませんが、大田区は、委員会の議論の中で、「近年、緩衝帯や緑地はなくなった」と公言していますから、歴

史的経緯から購入する理由はなくなったと言ってもよいと思います。

結局、国の方針転換の影響もあるのだと思いますが、大田区は、「大田区のみならず、日本全体の経済成長に資するため、官民連携により世界と地域をつなぐ『新産業創造・発信拠点〜HANEDAゲートウエイ〜』を作る」と言っています。

日本全体の経済成長に資するため、区民の税金を使って大田区が土地購入代に一六五億円を使う意義は見いだせません。

区画整理事業というスキームのために大田区が国の土地を一六五億円で購入するのですが、一六五億円のうちの八八億円は財務省に、七六億円はUR（独立行政法人都市再生機構）に支払われることになります。区民の税金が国などの財布に吸い上げられた形です。

（3）地代が、隣接する第二ゾーンに比べ約九割も安いこと——貸出地代も気になります。隣の国有地第二ゾーンを国が民間企業に貸出す地代が、一平方メートル当たり五二〇〇円、保証金十二カ月であるのに対し、大田区が民間企業に貸し出す土地第一ゾーンの地代は、一平方メートル当たり六〇〇円、保証金三十カ月です。

大田区に価格の差について尋ねると、「土地の用途が違うから」と答えています。隣地はホテルです。大田区が貸し出した企業体が作る施設は用途が違う、という理屈で隣接する土地代と約十倍の差が開くことがあるでしょうか。

（4）財源は、小泉構造改革の地方分権・三位一体の改革で増えた社会保障のための財源を使っていること——大田区は、土地購入代の一六五億円をキャッシュで支払っています。通常、こうした高額な土地・公園用地などの取得にあたっては、土地開発公社のしくみを使い、金融機関からの借入金を充て、複数年にわけて分割で支払い、区の所有地にしていきます。ところが、この跡地の場合、積み立てた基金を引き出し、全額キャッシュで取得しているのです。

この財源一六五億円は、どこから来たのか。そして、なぜ一六五億円ものキャッシュが大田区にあったのか。これには、小泉構造改革の地方分権の一環である三位一体の改革が関係しています。

地方分権によって、大田区が社会保障の責任主体になり、権限のための財源を確保するために行われたのが三位一体の改革です。二十三区の場合、住民税などの定率化とともに、東京都と二十三区の財源配分（都区財政調整制度）の割合が五二パーセントから五五パーセントに変更になり、区側=大田区の財源が大幅に増えました。

大田区は、都区財政調整の割合が五五パーセントに変更になった二〇〇七年（平成十九）年度に六〇億円を、翌二〇〇八（平成二十）年度には八一億円を、それまで二八億円だった羽田空港対策積立基金に羽田空港跡地購入のためとして積み立て、合計一六九億円にまで基金を増額しました。その羽田空港対策積立基金を使って購入したのです。

購入した跡地の一六五億円は、大田区が基金として積み立てた額とぴったり一致します。購入時の基金積立残高は一七二億円ですが、利息の七億円をのぞいた積立総額は一六五億円なのです。「すごい偶然！」と思ったら、大田区は、二〇一七（平成二十九）年七月七日に、国交省東京航空局長宛てに、普通財産買受要望書を提出していて、資金計画として羽田空港対策積立基金の一部を活用する予定で、その基金残高が一七二億円あると書かれていました。

大田区は国交省に、五・九ヘクタールに一六五億円まで、利息を含めれば一七二億円まで使えます、と示していたわけです。

（5）用途がIR五要件のうちの四要件を満たし、カジノが誘致される可能性があること

――最後の論点は、この跡地が、統合型リゾート（IR）の五要件である国際会議場・展示場、魅力増進施設、送客施設、ホテル、カジノのうち、カジノ以外の四つを備えていることです。カジノは統合型リゾートの一施設として位置づけられています。IRを設定することでカジノ設置が可能になります。大田区はIR五要件の四つを備えていますから、ここにカジノが加われば、要件からみてIR認定は可能です。

跡地開発の方針が大きく転換したのは、内閣総理大臣補佐官が座長の「羽田空港周辺・京浜臨海部連携強化推進委員会」が発足してからでした。京浜臨海部という委員会名称からもわかるように、大田区や東京都だけでなく、神奈川県、川崎市、横浜市も入っていることから、空港跡地のためだけの委員会でないことがわかります。また、国交省だけでなく、厚労省、文科省、観光庁、関東経済産業局、関東財務局、関東地方税務局も加わっています。

国家戦略特区は、東京都としてではなく、東京圏として認定されており、それには東京都及び神奈川県、千葉県千葉市及び成田市が指定されています。

指定されるIR区域は「一団の土地の区域」である必要があるとされていますが、特区というエリアで考えると、大田区だけでなく、川崎市、横浜市などとの一体的な指定も可能ではないかと思います。そう考えると、跡地開発を進めたのは京浜臨海部の自治体がメンバーの「羽田空港周辺・京浜臨海部連携強化推進委員会」で、それらの自治体が特区でつながっていることも無関係とは言

えないように思われます。二〇一八（平成三十）年に特定複合観光施設区域整備推進本部事務局が開催した特定複合観光施設区域整備法に係る説明会の配布資料では、「ＩＲ区域は『一団の土地の区域』である必要があるとされているが、どの程度まで認められるのか」、という質問に対して、「例えば、専用の橋で結ぶことにより来訪者が徒歩で行き来できるなど、密接なつながりがあるものは『一団の土地の区域』に該当し得ると考えている」と答えています。

羽田空港と神奈川県川崎市を結ぶ神奈川口は、大田区にとっては、空港立地自治体としてのうまみを神奈川県などに持っていかれるので、手放しで喜べない側面もありますが、羽田空港と川崎市殿町地域を結ぶ橋、多摩川スカイブリッジが完成しています。橋ができたことで、「一団の土地の区域」という一体的なエリアに認定されるのではないでしょうか。

私はカジノの誘致に反対ですので、否定していただくことを期待して、跡地がカジノになる可能性について質問しましたが、大田区は反対を明言していません。東京都が手を上げれば、反意は示せず、了承してしまうということでしょうか。

転機となった都議選落選

初めて選挙に出た時、声をかけてくださったのは地域政党で、三期までというルールがありました。議員になって三期めに「都議会議員選挙に出ないか」というお話をいただき、お受けすることにしました。東京は経済の中心で、集まる税収も日本で一番多いのですから、日本で一番良い福祉を受けられてもいいはずですが、当時、待機児童問題が深刻になっており、なかなか解消できないことに疑問を持っていました。私は、その理由の一つに、東京都と二十三区の間にある都区制度が大きく影響していて、ここを解消しなければ二十三区側の課題解決は難しいと思っていました。二十三区側の税金や役割の問題であるにもかかわらず、東京都主導で決めるしくみになっていますか

料金受取人払郵便

綱島郵便局
承認
2149

差出有効期間
2024年4月
30日まで
(切手不要)

郵便はがき

223-8790

神奈川県横浜市港北区新吉田東
1-77-17

水声社 行

御氏名(ふりがな)	性別 男・女	年齢 才
御住所(郵便番号)		
御職業	御専攻	
御購読の新聞・雑誌等		
御買上書店名	書店	県 市 区 町

読　者　カ　ー　ド

お求めの本のタイトル

お求めの動機

1. 新聞・雑誌等の広告をみて（掲載紙誌名　　　　　　　　　　　　）
2. 書評を読んで（掲載紙誌名　　　　　　　　　　　　）
3. 書店で実物をみて　　　　4. 人にすすめられて
5. ダイレクトメールを読んで　　　　6. その他（　　　　　　）

本書についてのご感想（内容、造本等）、編集部へのご意見、ご希望等

注文書（ご注文いただく場合のみ、書名と冊数をご記入下さい）

[書名]	[冊数]
	冊
	冊
	冊
	冊

e-mailで直接ご注文いただく場合は《eigyo-bu@suiseisha.net》へ、
ブッククラブについてのお問い合わせは《comet-bc@suiseisha.net》へ
ご連絡下さい。

ら、東京都議会に二十三区の声を届けなければならないと思い、立候補を決意しました。二〇一三年のことです。残念ながら都議選には落選し、それまで忙しくしていた毎日から、ぽっかりと時間が空きました。

都議選に落選した後の約二年は、それまでの私の議員活動をふり返る貴重な時間になりました。私が「国家戦略特区」の問題に、いち早く取り組むことができたのも、この時間があったからです。二〇〇三年に当選してから、委員会報告、議会に提出される議案、区民からの相談など、目の前で起きる問題に一つ一つ取り組むことに必死で、問題を体系的に考えたり、その周辺の状況まで調べたりすることが十分できていませんでした。

落選したことで、聴講生として大学院に通ったり、資料や議事録を読んだり、図書館やインターネットで調べたりして、関心のある問題について、じっくりと勉強することができました。こうした時間のおかげで様々な視点を見出すことができ、私にとって一つの転機になりました。

大田区は、アジアヘッドクォーター特区という国際戦略総合特別区域（特区）の一つとして国の指定を受けていました。所属する委員会で報告を受け、TPP（環太平洋パートナーシップ）に似ていると思っていたので、グローバル化に伴う規制緩和について疑問を持っていた私は、この時期に特区について調べました。

ほかにも、この時期には、地方分権、大阪都構想の元々のしくみである都区制度（これは都議選で私がうたったことでもありました）、コンセッション（上下分離方式）、オリンピック、民営化（特に水道民営化）、リニア中央新幹線などのテーマについて、あらためて勉強しなおしました。

よく、「どうして、地方議員なのに国が取り組むようなテーマに取り組んでいるのか？」と聞かれますが、こうして目の前に現れる一つ一つの問題に取り組んできたからなのです。

目の前の問題について鵜呑みにすることなく納得するまで勉強

ひとつ言えるとすれば、目の前の問題について鵜呑みにすることなく納得するまで調べてきたことが、そうしたテーマに私を向かわせたのだと思います。

議員が、議案や予算についてまず尋ねる相手と言えば、行政の職員です。「職員のみなさんに教えていただいたから、こう発言しているのです」とお話しすると驚かれますが、本当にそうなのです。

議員になった二〇〇三年当時、すでに地方分権一括法は成立し、省庁再編も行われていて、営利企業が福祉の分野に参入することも許されていました。

日本の統治機構は、営利企業のために働くしくみに変わっていたのです。それを前提に、次々と制度が変えられていった時期に私は議員になったのです。

当時の職員のみなさんは、あるべき行政の一員として、予算や議案や計画などについて説明をしてくださったと思います。職員から学んだ自治体の財政や制度の基本を身に着けてきたと思ったら、公の施設の管理運営が営利企業にも許される指定管理者制度の導入やアウトソーシング、公民連携など、行政のほうが変わってきたのです。

また、職員から学ぶだけでなく、過去の議事録を調べ、これぞという人がいれば会いに行き、資料があれば手に入れて目を通しました。もちろん大前提にはいつも区民の声がありました。何もわからないまま、議員になったので、自信を持って発言するためには、納得のいくまで調べなければならなかったのです。

大田区だったから

もうひとつ理由があるとすれば、東京の経済の中心である二十三区、その一つの大田区の議員になったからだと思います。日常的に目にする問題が、地方の小さな都市に比べ、羽田空港の立地する区だったからこそ取り組むことのできた特徴的な問題がたくさんあったのだと思います。「国家戦略特区」の民泊事業（特区民泊）に乗り出したのも大田区でしたし、その前のアジアヘッドクォーター特区も大田区の羽田空港周辺がその地域に指定されていました。「特区」というしくみは、「地方分権」という文脈の中で出てきたこともわかりました。

大田区が「特別区」だったことも、いろいろな問題に疑問を持って取り組むきっかけになったと言えます。

一九四三（昭和十八）年の戦時体制下、東京府と東京市が廃止され、国家体制整備のため東京都が誕生します。その時、東京市にあった三十五区は東京都の下級行政組織になり、これらの区が、戦後の経緯を経て二〇〇〇年の都区制度改革で、基礎的自治体となりました。基礎自治体にはなりましたが、東京市の下級行政組織だった区の名残りは今も残されていて、都と区の役割から都区制度と言われ、その財源をささえるために都区財政調整制度というしくみがあります。

通常、基礎自治体の財源とされる固定資産税、法人住民税、特別土地保有税の「調整三税」と呼ばれる税を、まず都が都税として徴収し、それらを都と区の間で、四四・九パーセント対五五・一パーセントの割合で分配するとともに、都が特別区間の財政調整を行っています。

東京都が四四・九パーセントを二十三区域の調整三税から吸い上げているのは、基礎自治体が行う事務のうち、上下水道、消防等について大都市事務として都が一体的に処理しているからです。また、二十三区の間には著しい税源の偏在があるので、特別区相互間の財源調整を行っています。これは二十三区の税収に大きな差があるということです。

都区財政調整制度は、偏りのある二十三区間の財政の均衡を保つには良いしくみですが、東京都の取り分が四四・九パーセントなのは、はたして適正かという問題があります。東京都が大都市事務として二十三区に代わって使っている財源の合計は、年間約一兆円にもなります。

世界では市で開催されているオリンピックに東京都が手をあげたのも、東京都がかつて東京市だったことをどこか引きずっていないでしょうか。東京都は廃止したはずの東京市のつもりで二十三区を内部団体のように位置づけ、都政を行っているように見えます。

猪瀬都知事がオリンピック招致の際、「東京都は、四五億ドルキャッシュで銀行に預けてある」と発言したとの報道がありましたが、こうした財源も本来東京都の財源ではない、二十三区域の固定資産税・法人住民税等の四四・五パーセントが一般財源として東京都の収入になっているからだと思います。

都市化した二十三区域は、地縁・血縁が薄く、核家族化している世帯が多いため、他の地域に比べ社会保障が重要です。

「社会保障の教科書」と言われる二〇一二（平成二十四）年の『厚生労働白書』は、産業資本主義の発展とともに地縁や血縁が薄れたことで、それまで地域社会や家族が担ってきた子育てや介護などの担い手がいなくなり、そのために社会保障制度が生まれ、構築されてきたと指摘しています。私たちが暮らす東京の豊かな経済は、私たちが働き消費することで支えています。経済の中心である東京二十三区にこそ、その豊かな経済利益を、働き消費して生み出している区民の生活を支えるための社会保障や医療や教育が必要なのだと思います。

それにもかかわらず、東京都が四四・九パーセントも吸い上げていることで、二十三区側に十分な社会保障財源が回わってこないという問題意識を持っています。

一方でいま、大田区が、五五・一パーセントのうちの大田区分を十分に区民生活のために使っているかと言えば、近年は予算を組んでも基金に貯めているくらいですから、財源が足りないから住民福祉が足りないというのではなく、財源があっても住民福祉に税金を使っていないということで、区の使い方に問題があるのも確かです。ただし、だからと言って、都の財政調整割合の四四・九パーセントが適正であるかどうかという問題は別だと思います。

かつて東京都は、「福祉の都政」と言われたように、老人医療の無償化を全国に先駆けて行うなど、地縁や血縁の薄い社会において、経済の中心地として豊かな財源を社会保障に充てて都民に還元していました。そうした意味では、都に吸い上げられていた二十三区の財源も、必要な住民福祉に使われていたのだと思います。ところが、それが石原都政のころから、逆に福祉費の削減が行われてきました。

特に問題なのは、東京都の大都市事務分の算定根拠があいまいな上に、都区間の固定化した財政調整割合では、社会の変化などに伴う行政需要に柔軟に対応できないということです。財政調整制度に一定の意義はあると思いますが、都と区の調整は、区側が都の需要に対し算定の権限を持つべきではないかと考えています。

同様に、二十三区間の財政調整も都に委ねるのではなく、二十三区の側で徴税・分配のしくみを作るなど、基礎自治体固有の財源である固定資産税、法人住民税を都が徴収するという例外的なしくみをはじめ改善すべきことはまだまだ残されているのではないでしょうか。未完の都区制度改革だと思いますが、近年、大阪都構想を評価する声が二十三区側から出てくるなど、自治権の後退が危ぶまれます。

大阪市を廃止し、区を作るという大阪都構想は、まさに、二十三区と東京都の関係を大阪市でも行おうとするしくみにほかならず、前述のような問題が生ずる恐れがあるため、その懸念を発信するようになりました。二〇一三年の都議選直後に、二十三区の議員なのに大阪市まで行って都構想の問題について発言したのも、二十三区の問題と似ているからです。

本来、自治事務として自治体が取り組むべきことなのに、都区制度により、区が財源を負担するだけで自治権を発揮できていない事業の一つが、水道事業です。

ちょうど、落選後に大阪市が水道民営化のための資料を公開し、パブリックコメントを募集していたので、水道の民営化について、しっかり発言しようと思いました。水道民営化について調べるうちに、施設の所有権を公的機関に残したまま運営を民間事業者が行うコンセッションや、施設の保有と管理を行う下部と運営を行う上部に分ける上下分離方式という考え方を知り、この時期に勉強しましたが、後ほど取り上げる蒲蒲線の問題などでその考えが役立っています。

ふり返れば、指定管理者制度や（旧）大森北一丁目開発、羽田空港跡地開発なども、土地や施設は行政の財産を使い、運営権だけを民営化する方式でした。根底には共通の考え方があると思っています。

同じように、都と区の関係から生じ、二十三区の議員として取り組んだ問題には、すでに取り上げた通り清掃事業があります。清掃事業も本来は自治事務で、二〇〇〇年の都区制度改革により東京都から二十三区に移管されたものの、埋め立て処分は東京都が、処理処分（清掃工場の維持管理焼却処分）は東京二十三区一部事務組合（一組）が分担することになり、大田区は収集・運搬に関してしか権限がないことや、財政負担させられていることに疑問を持っていたので、災害廃棄物の広域処理に「おかしい」と声をあげました。

この頃に、東京都主催の「リニア中央新幹線環境影響評価準備書」についての公聴会が開催され、公述人として意見を述べることができる場があると知りました。リニアの問題に取り組んでいる人は、当時、大田区にはほとんどおらず、一人でも発言しなければいけないと思って、締め切り間際に、郵便局の本局にまで行って申し込みをしました。おかげで、分厚い「リニア中央新幹線環境影響評価準備書」が送られてきて、じっくりと読むことができました。公聴会が開かれましたが、公述人の上限が二十五人だったところ、実際に応募して発言したのは、私を含めてたった六人でした。

国家戦略特区にふれて変わった視点

こうした流れの中で取り組むことになった「国家戦略特区」(国家戦略特別区域)は、私の議員活動の視点を大きく変えるきっかけになりました。

国家戦略特区を調べていくうちに、日本の政治の目的が大きく変わってしまったことに気づかされたからです。特に衝撃的だったのが、国家戦略特区のワーキンググループの有識者会議の議事録を読み、規制緩和を求める人たちの本音ともいうべき部分にふれたことです。

規制は、社会の秩序を作るものであり、私たち主権者の人権を守っています。なのに、どうして当時の内閣総理大臣が主権者を守る規制を「岩盤規制」などと呼び、国家戦略特区でそれを壊そうとしているのはなぜなのか、私は腑に落ちないままでした。

国家戦略特区のワーキンググループの議事録を読んだことで、規制緩和によって経済活動に支障となる規制が取り除かれ、その結果、事業者が参入しやすくなるとともに、利潤を大きくすることを可能にするということがわかりました。

日本の規制が岩盤なのは、国民を守っているからであって、規制緩和でそれが壊されれば、法で守られなくなりますから、国民が無防備で自己責任社会に放り出されることになるわけです。自己責任、弱肉強食の社会になったのは、偶然ではなく、私たちを守る規制が失われたからです。

この国の政府がそうした政策に取り組んでいるということ自体が大きな衝撃でしたが、それまで私が大田区議会で取り組んできた多くのことは、企業の利潤を大きくする目的のために行われていたのだという視点であらためてふり返ると、どれもすっきりと説明がつき、これらの問題が生じてきた根底にある大きな流れに気づかされました。

既得権者は大企業のホワイトカラー

二〇一三（平成二十五）年七月五日の国家戦略特区ワーキンググループの有識者会議の議事録にはこんなことが書かれています。

（……）例えば、大企業のホワイトカラーなどというのは大金持ちではないけれども、雇用慣行という既得権によって守られている。これは新規参入もあるし、大金持ちになるわけでもないという洗練された既得権である。

（……）このように、日本の既得権の体系というのは、大きくて固くて崩しにくいのではない。細かいから崩しにくい。別に誰かが考えてそうしたのではないと思うが、何となく日本人の国民性にずっと合っているのではないだろうか。だから、崩れない、崩せない。それは、既得権者はみんな悪党ではなく、ごくごく善良な市民だからである。

（……）別に悪いことをしているわけでも何でもない。すごく腹黒いとてつもない悪党が何人か集まって利益を山分けしているとかという状況では全然ない。日本の既得権はみんなそうである。水利権だってそうで、それで大金持ちになれる水利権などはないから、既得権というのはとても悪いもののように見えるかと言うと、全然そんなことはない。善良な市民の本当にささやかな既得権であるので、それを覆すというのは本当に難しいことだと思う。

どういうようにこの種の既得権に御遠慮願っていけばいいのか、（……）。


岩盤規制も雇用慣行も、私たちの暮らしを守るための制度や慣習で、それらによって私たちは守られてきたことがわかります。

あたかも、巨万の富を手に入れている悪者がどこかにいるかのような論調で、世論を味方にして規制緩和が進められてきたように思います。ところが、規制緩和を求める現場では、大企業のホワイトカラーが既得権者だと言っているのです。

私は、この議事録を見つけてから、議会に出される議案や報告のすべてを、国民・区民の持つ権利を奪い、企業の投資利益のために行う改正やしくみではないか、という疑いの目で検証するようになりました。

さらに、次の議事録を見つけて、それを、どのように進めようとしているのかが見えてきて、大変なことが始まろうとしているのだと思いました。

「今も火事場だという認識をつくる必要がある」

国家戦略特区の議事録に、「今も火事場だという認識をつくる必要がある」という記述を見たとき、大変にショックを受けました。さすがに、官僚が発言してはいないものの、国が選んだ有識者が、国家戦略特区でどうやって規制を緩和するかを検討するためのヒアリングの場で、「規制緩和するには、火事場だという認識を作る必要がある」と言っているのです。二〇〇七年にカナダのナオミ・クライン（ジャーナリスト）が書いたベストセラー『ショック・ドクトリン』を日本の政府が推奨しているように感じました。

同じく有識者会議の議事録には、事務局を担う内閣官房地域活性化統合事務局の事務局長が次のように発言しています。

（……）当時、阪神大震災が起こって、その直後、それも密集市街地を放置しておいて、特に地主と借家人と店子とみんな権利関係が錯綜していて、それを借地借家法で守っているのだから、これを緊急に建て替えないと、また阪神大震災みたいなものが起こると、単に倒壊だけてはなくて（ママ）、火災現象も招きかねない。そうなると、相当な被害になる。したがって、借地借家法を直されたというお話をした。

（……）現在のやり方からすると、どういうやり方をするのが一番効率的か、スピードアップが図れるかということで考えてみる必要はあると思うが、なかなか運用面も含めて検討しないと難しいのかなと、すぐに答えられないというのはそういう意味である。

これをうけて有識者は以下のように発言するのです。

今のは重要な話で、借地借家法は民法の附属法典の中でも最も重要なものの一つであるから、平時であれば、絶対に法制審をスキップすることはできない。なぜできたかと言ったら、火事場だったからである。つまり今も火事場だという認識を作る必要がある。だから、平常のルーチンはスキップさせてもらうと。これはとても重要だと思う。

そう言えば、総合特区法で、税財政措置を講じることにしたときは、東日本大震災の時でした。国家戦略特区法は、秘密保護法の時にできました。いま、コロナという一つの火事場ですから非常に心配です。

投資と企業の利益

企業が利益を上げると、その利益は配当として株主に分配されます。投資という言葉も最近はよく目にするようになりましたが、投資は、投資利益をあげるために行うもので、投資利益は投資家に払われます。

国家戦略特区は、投資のため、それも外国からの投資を呼び込むための経済政策です。そのために既存の制度を緩和して、外国資本が投資しやすい環境を作ってきました。

ということは、国家戦略特区法という法律を国会が議決し、制度に則って私たちを守る規制を改廃して、外国資本が日本に投資しやすいように、投資利益を上げやすいようにしてきた、ということになります。私たちが働いて生み出した経済利益が、外国人投資家の利益になってしまうのです。

大田区が特区に手をあげたことがきっかけで、私たちの国が、外国人投資家の利益拡大のために、法律をつくっていると知ったことは、私のその後の活動や政策分析の視点に影響するようになりました。

国家戦略特区とは何か

国家戦略特区とは、区域を限定した規制緩和によって外国投資を呼び込むための経済政策です。法治国家日本において、法令で作られた多くの「規制」は、私たち主権者の権利＝基本的人権を守るために存在しています。それを緩和すれば、私たちは法で守られなくなりますから無防備になります。

規制緩和が進めば進むほど、無法地帯が広がり、弱肉強食で自己責任の範囲が広がる構図です。法令が求める安全、衛生、環境、雇用などの基準は、経済活動にとっては、コストを強いられる邪魔な存在かもしれませんが、規制を緩和すれば、それまでその規制によって守られてきた区民に影響が及ぶということです。

特区といえば、一般には開発途上国の経済政策ですが、国家戦略特区は先進国日本の首都東京を含めた、大阪、名古屋、福岡など大都市圏がほぼ網羅されていて影響が大きく、もはや「特区」とは言えない状況です。ＩＬＯ（国際労働機関）は経済特別区を、「外国投資を誘致するために特別な優遇策を付与された産業地区。地区に輸入された財は再輸出のために程度の差はあるが加工される」と定義しています。「小泉構造改革特区以来、日本に設置されてきた特区は『規制緩和』に考え方が偏っている傾向がある」と、立教大学経済学部教授の郭洋春氏が著書『国家戦略特区の正体――外資に売られる日本』（集英社新書）で指摘するように、日本の特区は、規制を緩和し外国投資を呼び込むことが目的になっていて、特区内に輸入された財が加工されたのち再輸出されるといったことにはまったく触れられていません。

しかも何のための規制緩和かといえば、二〇一三年の「日本再興戦略」に「規制改革の突破口として国家戦略特区を使って世界から投資を呼び込む」と記されているとおり、外国投資を呼び込むことが目的です。

「日本再興戦略」（改訂二〇一五）では「投資家の目を意識した経営が幅広く浸透し、企業の自己資本（株主資本）に対する当期純利益（ＲＯＥ）の割合が一〇パーセントを超える上場企業は、二年前の四社に一社から三社に一社になった」と特区を評価しています。

投資家のための経済政策なので、企業を存続させようとする点で、働く者のための経済の利害と一致する部分もありますが、投資家は利益の最大化が目的で、投資家にとって働く人の賃金はコストとなりますから、立場が異なるという視点が必要です。経営や利益の見地から、給与を引き下げたり人員を削減したりすることもあるのです。

特区は構造改革特区、総合特区、そして国家戦略特区と形を変えてきました。

ＴＰＰは、国と国との約束（協定）です。ＴＰＰに批准したからといって、規制緩和がすべて可能になるわけではありません。日本は法治国家ですから、それに関わる法律、政令、省令を変えていかなければいけません。

調べるうちに、国際間の自由貿易協定に向けて国内法を整備することがこの特区の役割だということが見えてきました。

この本を書いている時点で、国家戦略特区での緩和をうけて全国で措置された規制緩和は、都市再生、創業、外国人材、観光、医療、介護、保育、雇用、教育、農林水産業、近未来技術・サンドボックスなどの分野で六一に及びます。

その中には、大田区が手を挙げた民泊事業に関して緩和された旅館業法も含まれます。都心部で超高層ビル建設など再開発が進むのも、こうした特区の容積率や都市計画手続きの規制緩和による優遇策があるからです。

構造改革特区から国家戦略特区までの経緯

特区という制度は小泉政権の構造改革の時に始まりました。その後、総合特区、国家戦略特区と形を変えてきました。

構造改革特区の時の国会では、一つの国に二つの制度（一国二制度）はおかしいのではないか、法律の下での平等にも欠けるではないかなどの議論がありました。

それを乗り越えたのが地方分権という考え方でした。地方分権だから、法律の主旨の範囲内だから、というのが合意形成の後押しになり、国会で通ってしまいました。「ドブロク特区」という言葉を覚えていらっしゃる方もいるかもしれません。地域の努力で特区という制度を活かしていこう、ということで始まったのです。

ただ、議論のなかで、一国二制度、法の下の不平等が指摘されたように、法の主旨の範囲内で行い、税財政措置は取らないということでスタートしています。これが構造改革特区です。

ところが、二〇一一年、東日本大震災直後の四月に成立した総合特別区域法という法律が、構造改革特区の時にはあった、税財政措置は取らないという大きな障壁を越えてしまいます。

税の減免や利子補給もやりましょうという主旨がこの法律に盛り込まれてしまったのです。一国二制度が実現し、法の下の平等がここで崩れています。これは、国会の発言でもありましたが、東日本大震災で疲弊した地方への特別な支援が必要だ、という論調が影響していたと思います。これも一つのショック・ドクトリンで、火事場に乗じたケースではなかったかと思います。

もう一つの大きな変化が、地方から都市部への展開です。構造改革特区は地方の努力ということでスタートしましたが、総合特区は都市部へ展開しています。東京、川崎、横浜、あるいは京阪神、名古屋、福岡といった大都市部でこの特区制度を積極的に行うようになっています。

東京で開発が進んだのも、東京がアジアヘッドクォーター特区という総合特区に指定され、様々な税財政措置含めた優遇策が講じられたからです。利子補給や不動産取得税、固定資産税、法人事業税を一〇〇パーセント減免するなどのしくみが、いまも総合特区にはあります。

法人事業税や固定資産税などは地方税にあたります。地方税は条例で変えなければならないことになっています。総務省のＨＰの地方税について書かれているページのコラムに、地方団体の課税権について次のように書かれています。

近代国家において課税権には議会を通した国民の同意が必要とされます。これを租税法律主義と呼び、日本国憲法に根拠規定があります（日本国憲法第八十四条）。

そもそも地方団体は、憲法において、民主主義の下で自主的に運営されていくべきことが定められており、その運営のための財源も当然自立的に調達されるべきであるとされています。

地方税については、地方自治法や地方税法により地方団体の課税権が保障されていますが、同時に、地方税法において地方団体が税を課すには、税目（租税の名称）や課税客体（税を課す対象）、課税標準（税額を計算する上での基準）、税率などについて条例で定めなければならないとされています（地方自治法第二百二十三条。地方税法第二条、第三条、第三条第二項）。つまり、地方団体が課税をするためには、地方議会の議決を通じて住民の同意を得る必要がある、総務省が所管する地方税法を改正したことにより当然に各地方団体の地方税制が改正される、というわけではないのです。これは租税法律主義に倣って、地方税条例主義と呼ばれることがあります。

東京都の法人事業税や固定資産税の一〇〇パーセントの減免は、都の条例ではなく都議会の議決の不要な要綱で行われていて、条例に反するのではないかと思います。特区ならそれでも許されるということなのでしょうか。東京の都心部が開発され、駅周辺を中心に超高層ビルが立ち並んでいるのは、このような超法規的手続きが後押ししたからです。

そして、最終的に国家戦略特別区域法（国家戦略特区法）が成立します。構造改革特区の時には、国民生活の向上という言葉が使われていましたが、国家戦略特区では、国民生活は二の次で民間投資、国際競争力、ビジネスという言葉が先に出てきています。基本となっている考え方は、産業競争力会議で竹中平蔵氏が提案しました。二〇一三年の日本再興戦略には、国民生活という言葉はまったくありませんが、投資という言葉は百以上も出ています。

住民に身近な自治体が生活課題を解決するために始まった地方分権を引き合いに、地域のためにという美しい言葉でスタートした特区ですが、大震災でみんなが大きなショックを受けているときに紛れて、法の下の平等に反する区域限定の税の減免を行い、最終的には投資のための特区になってしまいました。

法の改廃権が国会から外へ

特区の区域指定や規制緩和のメニューなどの決定権は、「国家戦略特別区域諮問会議」と地域の「国家戦略特別区域会議」に移りました。規制緩和をする場合、これまでは一つ一つの法律を国会の議決を経たうえで改正しなければなりませんでしたが、諮問会議が特区内に関しては決定権を持つことによって、実際の法改正と同等の効果を与えられるようになったのです。

だから、当時、竹中平蔵氏は「法律論的には難しいが、規制緩和の突破口として国家戦略特区をミニ独立政府として……」と言っていたわけです。

私たちが生きるうえで影響のある大切なことは私たちが選挙で選んだ議員が国会で決めます。ところが国会とは別の、選挙で選ばれていない人もメンバーの「国家戦略特別区域諮問会議」と「国家戦略特別区域会議」に、国会に限りなく等しい大きな権限を与えたことを、「ミニ独立政府」と竹中平蔵氏は呼んだわけです。

しかも、国家戦略特区は、区域内の法令の適用除外を認めるだけでなく、一年たってその法令の適用除外の効果がないことが立証できない限り、同様の適応除外を全国に広げることを目指しています。一年の運用で効果がないと立証することはほぼ不可能ですから、特区内での限定的な規制緩和を認めると、ほぼ自動的に一年たつと、日本全体の法令改正につながることになるのです。

竹中平蔵氏に「ミニ独立政府ができた」とまで言わしめた国家戦略特区法の成立も、秘密保護法と同じ会期の国会で多くの有権者の政治的関心は秘密保護法に集中し、火事場の中での出来事でした。私はそのことに気づいて、警鐘を鳴らしていましたが、当時、秘密保護法が審議されていて、多くの国民の関心はそちらに向いていたのです。

本質からはずれた加計学園問題

国家戦略特区の規制緩和が関連した騒動と言えば、加計学園問題がありました。

加計学園問題は、官僚が、安倍晋三総理（当時）に忖度したことにより、大学の学部新設が認可されたことが取り沙汰されました。このとき「忖度」という言葉が流行しました。部下から報告を受けたとされる、当時の文部科学官僚は、この問題について「国政の私物化」と厳しく非難しましたが、国家戦略特区というしくみの問題点にまでは追及しませんでした。

獣医学部の新設は、文部科学省で長い間認可されていませんでした。それが、今治市が二〇一五年六月、国家戦略特区を申請し、政府が一六年一月の国家戦略特別区域諮問会議で今治市を選定し、一六年十一月の同会議で先端ライフサイエンス（生命科学）研究や地域における感染症対策など新たなニーズに対応する獣医学部の設置が決定され、内閣府が事業者を公募して加計学園の学部新設が認められることになりました。国家戦略特区のしくみが、強大な規制に風穴をあけたのです。

批判の矛先は、個人の忖度に矮小化され、特区のしくみそのものの問題点は現在に至るまであまり議論されていません。個人の忖度で決めていいはずがありませんが、国会の外で、国家戦略特別区域諮問会議が、規制緩和を決めたことの問題点が表面化されなかったのは非常に残念です。

特区を超える情報、スーパーシティ

国家戦略特区が問題だと思っていたら、二〇二〇年に特区法が改正され、特区というリアルな区域を超えて事業の展開を可能にする「スーパーシティ」というしくみが成立しました。

スーパーシティは、国・自治体などの持つデータの連携基盤の整備を法で定め、事業の実施主体である企業が、国や自治体などに対して、その保有するデータの提供を求めることができるようにして、これらの情報を駆使した事業を行わせるしくみです。これによって自治体ごとにバラバラだったシステム間のＡＰＩをオープンにし、都市間の相互連携の強化が可能になりました。

事業は事業者と自治体で決めて、それを国家戦略特別区域会議で選定します。住民合意が必要となっていますが、議決は不要な上、住民合意の方法は決まっていないので、場合によっては町会など団体のトップと協議などすればよいことになっています。

ここでも、私たちの権利に関わる問題が、選挙で選ばれた議員で構成する議会の外で決まることになっています。

スーパーシティで認定され事業を行う企業は、このマイナンバーに紐づけられた個人情報を含め、行政情報などがビッグデータとして集積された基盤データの情報を利用することが許されます。

事業者として認定されるには、APIというデータを共有するときの鍵を開示することが条件になっています。データやサービスの互換性・連携性を保証するのがAPIですから、APIを開示するということは、連携した企業間で情報を共有できることを意味します。スーパーシティが二社以上での提案を要件にしているのは、APIの開示による企業情報をデータ基盤に蓄積させることを目的としているのだと思われます。

大田区など基礎自治体は、戸籍や住民票から、課税情報、医療健康情報、障害の有無や種類や程度、学校の成績、図書の貸し出し情報までたくさんの個人情報を持っていますから、スーパーシティに認定された事業者は、行政情報、個人情報、企業情報を使って事業を行うことができるようになります。

総務省も大田区もヒアリングの場面で、個人情報は使えないから大丈夫と言っていますが、国が個人情報保護法をつくり、大田区が事業者から区民の個人情報を守ってきた大田区個人情報保護条例を二〇二二年第四回大田区議会定例会で廃止したことで、区民の個人情報は、区の条例で守れなくなりました。大田区は、国の法律で大田区の個人情報は守れると言っていますが、国の個人情報保護法は、マイナンバーのついた個人情報を、「仮名加工情報」と呼んで、ランダムな番号だけでは個人は特定できないという理由で、事業者が使用することを可能にしています。

確かに、仮名加工情報は他の情報と照合しない限り特定の個人を識別できませんが、裏返せば、企業などが保有する番号情報から個人を特定できる情報です。

昨今、保険証、免許証、銀行口座などとマイナンバーを紐づけようという動きは広がっており、マイナンバーの提示を求められる場面も増えていますから、企業が持つ名前付きのマイナンバー情報とつき合わせると個人を特定できることになります。

そうなると、大田区が持つ個人情報を、大田区も国も守れないことになります。

最初はスーパーシティに認定される事業者は少ないかもしれませんが、連携を繰り返しながら、行政情報と企業情報と個人情報がつながり、ＡＰＩの公開により大きな基盤データ＝ビッグデータが作り上げられることになります。近年、公共と公益の区分けがあいまいになり、良いことなら税金を使ってやりましょう、というように変わってきています。スーパーシティで事業が認定されると個人情報が、企業の利益拡大のために使われるだけでなく、認定された社会保障でない分野にまで多額の税金が投入されるとなると、行政目的とは何かが見えなくなる日が来るのではないでしょうか。

スーパーシティとＤＸ

スーパーシティには、データ基盤構築のためのデジタル化の推進が欠かせません。「誰一人取り残さない」をキャッチフレーズにしたデジタル化、ＤＸ（デジタル・トランスフォーメーション）が進んでいます。

デジタル化、ＩＣＴ化、デジタル・ガバメント、デジタル・トランスフォーメーション、場合によってはデジタル変革など、様々な言葉が使われていますが、デジタル化によって、行政や企業、社会システムをすっかり変えてしまおう、という動きが加速しています。

政治家が「革命」という言葉を使うと、危険人物と思われるのではないでしょうか？　ところが、国が変革や「革命」と言うのは許されるというのも不思議な話だと思います。誰に対する、何に対する革命なのか。行き先の示されない電車に乗せられてしまったように感じます。

大田区も、二〇二一年三月に自治体ＤＸ計画である、「大田区情報化推進計画」を策定しています。

大田区情報化推進計画は、人がコンピュータを操作して行っている事務処理を、ＡＩ（人工知脳）やＲＰＡ（ロボット・プロセス・オートメーション）と呼ばれる自動的に行うソフトを活用して行うことを想定しています。

国では、ＥＢＰＭ（エビデンス・ベースト・ポリシー・メイキング）といって、「統計や業務データなどの客観的な証拠に基づく政策立案」まで行い、行政の効率化・高度化を図るだけでなく、多様な主体との連携により民間のデジタル・ビジネスなど新たな価値等が創出される、つまり、利益をあげることが期待されると言っています。

ＡＩと言ってもそこに万能の神が存在するわけではありません。コンピュータにデータ入力するのも、データ抽出のアルゴリズムを決めるのも人間で、行政がそれを活用すれば、そこには行政の意向が反映されます。

DXが進み、データを蓄積して、人工知能（AI）が処理・分析し課題の解決までしたら、政策を立案して執行する行政や、主権者から選ばれ区政をチェックし議決権を持つ議員の役割も小さくなり、地方自治のあり方も大きく変化してしまうかもしれません。

国が四次産業革命と名付けているほどの大きな変革が、この移動通信情報システムの活用によるDXで起きるのだと思います。

「便利だから」、「効率的になるから」といった理由で、それによる影響の検証もせず、コロナ対策を名目にあまりに拙速に事を進めていると思います。

たとえば、「誰一人取り残さない」の意味は、誰一人取り残さないデジタル化を進めること、すべての国民が公平・安心・有用な情報に「アクセスする環境の構築を図る」ことであって、すべての国民が社会保障で支えられる社会をつくり、「必要なサービスを受けられる」ようになるわけではありません。

しかも国は、データを蓄積し、ビッグデータ化するといっていますから、「誰一人取り残さない」デジタル化を進めると、すべての国民の行動や言動や消費などがスマホなどを通じてデータ基盤につながることになります。

キャッシュレスは、コロナ対策として、お金を触らない感染防止と言ったメリットで推進されていますが、お金の流れが管理されるだけでなく、法定通貨から電子マネーに変われば、流通性や使える範囲が限られること、法定通貨であれば、預金だと一人あたり上限一〇〇〇万円まで保護されるのと異なり、電子マネーは補償が担保されていないことなどの問題は議論されていません。

大田区はすでに、道路・公園・建物などのインフラをはじめ大田区が保有するデータを利活用できるようオープンデータ化を始めていて、医療情報などプライバシーに関わる情報も個人名こそ出さないものの地域と関係づけ、データ解析をして公開しています。

行政の持つ情報は多岐にわたり、またその量も膨大で、これを使えるようにすることは、ビジネスチャンスを大きく広げることにもなりますが、その情報を使える企業と使えない企業を国家戦略特区の認定事業という形で、選別していくわけです。

二〇二二年十二月、国は、目視や常駐が義務付けられているいわゆる「アナログ規制」が含まれる法律など、およそ一万件の見直しにむけた工程表をまとめました。私たちを守るデジタル関連法規制は、急速に緩和されようとしています。

スーパーシティの事業化に関わる、「オープンラボ」と呼ばれる登録団体は二〇二一年七月末ですでに二六〇を超えています。

スーパーシティのしくみは、あらゆる情報をデータ基盤につなげ、それらを事業者が活動の中で使えるようにしています。国家戦略特区のしくみの中で認定された事業者に、個人、行政、企業情報を一元化したデータ基盤を営利目的に使うことを許しているのです。

ジョージ・オーウェルの小説『1984』は、管理社会を描いた小説ですが、小説の中だけの話とは言えない状況になってきています。実際、すでに、防犯（監視）カメラの設置数は飛躍的に増えていますし、たとえば大田区では、図書館の本にまでＩＣチップが埋め込まれています。免許証や保険証やキャッシュカードにマイナンバーが紐づけられれば、行政の保有するマイナンバーに紐づいた情報とあらゆる免許証や保険証で個人確認した情報がつながり、私たちの個人情報が、行政や企業に筒抜けになる日もそう遠くはないと思います。ネット投票になれば、政治的な考え方まで、把握することも可能かもしれません。情報を持つものが、優位な立場に立てるというのは、間違いないと思います。このようなビッグデータを、誰が、何のために、使うのか、使えるのか、それを規制することができるのは、誰なのか……こうしたことを今のうちに考えておかないと、私たちは、ビッグデータを管理できる誰かに、管理されてしまうかもしれません。

　大田区は、個人情報保護条例を廃止せず、区民の個人情報を守るべきだったのではないでしょうか。

第六章　大田区から国政をチェックする

議会制民主主義が特区とデジタル化で骨抜きにされようとしているのは、深刻な問題ですが、それでも希望はあります。

区民の声をきっかけに、現行の制度やしくみについて情報提供をしながら、区民とともに争点化し、前進し、揺さぶった問題もありました。

その中の大田区立山王小学校に隣接するフロントのないホテル建設問題と、リニア中央新幹線についてご紹介したいと思います。

山王小に隣接するフロントのないホテル建設問題

閑静な住宅街の、しかも小学校の隣に、部屋数二室のフロントのないホテルが建ちました。旅館業法の規制緩和によって、たった一室でも、フロントがなくても、旅館業が可能になったため、学校に隣接する約三十坪の敷地にホテルができたのです。よりによって、なぜ小学校からゼロメートルの閑静な住宅街にフロントのないホテルの建設が可能なのか、児童の安全・安心、人権は守られるのかという疑問も、旅館業法の規制緩和が原因です。

学校をのぞかれるのではないか、盗撮されるのではないか、感染症源になるのではないか、声をかけられたり、連れ込まれたり、連れ去られたりなど、不適切な接触があるのではないかなど、清純な教育環境が著しく害されることを心配した同窓会長、ＰＴＡ有志、近隣住民、自治会、町会などがホテル事業者に説明を求め、説明会が開催されました。

業者は、住民の不安を取り除くためベランダには目隠しをつけ、窓ガラスを曇りガラスに変えるなどしましたが、窓を開けることは可能なので、問題の解決にはならず、住民は納得していません。

地域住民の関心も高く、大田区に提出した署名は三千筆近くも集まりました。

旅館業法は、ホテルからおおむね一〇〇メートル以内に教育施設がある場合、教育委員会の意見を聞くことを定めているため、情報公開請求したところ、黒塗りで出てきました。情報公開条例第九条第二項五号「区の機関内部における審議、協議、検討又は調査等に関する情報であって、開示することにより、当該事務事業又は同種の事務事業の公正又は適切な意思決定に障害を生ずるおそれのあるもの」に該当するという理由です。

教育委員会の意見の中にあった開示したら公正な意見決定に障害を生ずるおそれのある情報とは、どんな情報なのでしょう。

新聞、テレビの取材も多く、『朝日新聞』や『東京新聞』が記事として取り上げました。

学校に隣接する施設の問題であり、教育委員会の意見を聞くことと書かれていたので、教育委員会に請願できるとアドバイスしたところ、山王小同窓会有志やPTA有志、近隣住民などで「教育委員会を開いてこの問題を討議して欲しい」という請願を出しました。請願の審議の前に、地域住民が教育委員にお手紙を出すなどして、要望をお伝えしています。

教育委員会臨時会で行われた請願審査の当日は、傍聴定員十六名の倍以上、約四十名の傍聴希望者が集まったため、抽せんになるほどでした。

区民の請願で教育委員会が開かれたのは、久しぶりのことで、その後コロナのことで請願が出されたときには門前払いになっています。

開催された教育委員会では、教育委員が次のような意見を出しています。

・旅館業法にある小学校の一〇〇メートル以内で営業できるということと、小学校とホテルの距離が隣接、つまりその距離がゼロメートルというのはまったく別の次元で話されるべきである。

・これまでの環境とまったく異なる環境になり、不特定の宿泊所から子ども会や運動会、夏の相撲大会などの撮影が行われれば、肖像権の侵害問題も起こり、また教育が萎縮するおそれが出る。

・清純な環境が害されるおそれがあるなど、基本的にホテルの営業は問題がある。
教育委員会の声は、地域住民の声とほぼ同じだったということです。教育委員会を傍聴した住民からは、教育委員会が開催され、山王小隣のホテル営業について教育委員の意見を聞けてよかった、との声が挙がりました。

それでも、大田区はホテルに営業の許可を出してしまいました。

規制緩和によって小学校の真隣でホテルを営業することができるようになったのは、本当に問題だと思います。

山王小学校に隣接するホテル営業の許可申請にかかわる手続きで、問題だと思ったのは、大田区が事前相談の時から、許可することを前提に事業者の相談を受け、手続きを進めていると思われる部分があったことです。

許可申請の前に事業者は、敷地から一〇〇メートル以内の近隣への周知が必要ですが、敷地に接する小学校へは説明していませんでした。

ホテルから小学校までの距離は隣接しているのでゼロメートルですが、申請書には五〇メートルと記載していました。事業者の勉強不足もあったかと思いますが、大田区の事前相談は十分だったと言えるのでしょうか。

また、過去の学校からおおむね一〇〇メートル以内に計画されたホテルへの教育委員会の意見を情報公開請求したところ、すべてホテルの営業を認める意見でした。そのうえ、意見は、教育総務部か学校長が出していましたが、教育総務部や学校長の意見は、教育委員会の意見ではありません。

住民の代表である教育委員会の意見ではなく、区長部局の意見で旅館業の許可がおりていたのです。教育委員会は、（1）首長からの独立性、（2）合議制、（3）住民による意思決定（レイマン・コントロール）を基本に成り立っている制度です。教育委員会は首長の組織とは明らかに別です。法が教育委員会の意見を求めているのに、区長部局の職員である教育総務部や学校長の意見をもって教育委員会の意見としていたことは、明らかに誤った法の運用です。

教育委員会の意見ではなく、教育総務部の意見だと、子どもの環境を考えて意見を申し述べるべきですが、教育総務部が区長に忖度することはないのでしょうか。区長部局が許可を前提に事務を進めていることはなかったのでしょうか。

調査したところ、教育委員会が反対すれば許可はおろせないとしている自治体もありました。中央区では、営業施設内に従業者を常駐させる条例をつくって、ホテルとその周辺の安全や環境を守っています。大田区も、ぜひ検討すべきだと思います。

その後大田区は、民泊新法について、条例を改正して、学校から一〇〇メートル以内で民泊を営業する場合は月曜日正午から金曜日正午まで営業できないという制限をかけました。

大田区では、宿泊事業の規制緩和により、この山王小学校に隣接したホテルだけでなく、教育施設に極めて近接した場所で宿泊事業を営むことが可能になったため、教育機関や近隣住民から児童・生徒に対する防犯措置の安全強化を求める声があがっていました。

住民が声をあげることで、大田区を動かし、学校周辺の静寂な環境を保持するために、住宅宿泊事業の実施を制限したことは、住民運動のひとつの成果だと思います。

しかし、新たな規制は、すでに営業している小中学校から一〇〇メートル以内の十五の宿泊施設には適用されず、引き続き事業が可能で、施行日以降に申請される住宅宿泊業を制限することしかできません。

旅館業法の規制緩和により宿泊事業はより簡単に許可を得られるようになっており、条例を改正して住宅宿泊事業に制限をかけても、旅館業法で許可を得れば小中学校近隣での事業が可能で、実質的、効果的な制限をかけることはできない状況です。

そもそも旅館業法の規制緩和は、大田区が全国に先駆けて国家戦略特区法に基づく特区民泊に手を挙げ、旅館業法の適用除外を求めたことに端を発します。国家戦略特区による規制緩和は、一年経過したらその影響を評価し、効果がないと立証できなければ全国へ展開すると定められています。大田区が真っ先に特区民泊に手を挙げたことの責任は重大だと思います。

リニア中央新幹線

リニア中央新幹線の話といえば、どうしても美しい中央アルプスの自然破壊や、静岡の水枯れの問題などが取り上げられ、そちらに目がむきがちですが、実は、リニアは大田区内を通ります。密集した都市部の地下を通るにもかかわらず、山梨、長野などに比べて東京でリニアのことがあまり問題にならなかったのは、およそのルートは示されていたものの、詳細なルート図が公表されていなかったからです。

大深度地下使用許可の申請が行われ、二〇一八年三月に説明会が開催されると、どこの会場もいっぱいになり、ＪＲ東海が用意した資料が足りなくなるほどでした。説明会の開催を知り、当時運動していた私と何人かでルートを書き入れた地図をポスティングするなどして、地域のみなさんにお知らせしたことも影響していたかもしれません。

住民は関心がなかったのではなく、知らなかったのです。その後、現状を知った住民の力強い運動が都市部でも始まりますが、権利を守り、良くするためには、情報を知り、伝えることから始まる、とリニア中央新幹線であらためて実感しました。

私がリニアの問題を認識したのは、営業・建設主体が東海旅客鉄道株式会社（ＪＲ東海）になったとの知らせを住んでいる大田区や東京都から受けたことからです。ＪＲ東海が二〇一一年十月二十六日に大田区蒲田のアプリコ大ホールで環境影響評価についての説明会を開催しており、私も参加しました。まだルートも確定しておらず、全幹法（全国新幹線鉄道整備法）の許可がおりたのも二〇一四年になってからでしたので、当時は、問題の多いリニア中央新幹線の計画を本当に進めるのだろうか、実現できるのだろうか、という気持ちで説明会に向かいました。

走行スピードが重視されるうえ、地下四〇メートル程度の大深度地下を走ると聞き、直線ルートが採用されるものだとばかり思っていましたが、配布資料に示された路線は曲線ルートだったので、質疑応答の際、「なぜ直線ルートではないのか」、「ルート選択に影響する項目は何か」と伺いました。

ＪＲ東海は、大深度地下トンネルとなるため、五―一〇キロメートルごとに必要な換気や避難のための立抗などの用地確保のできる場所という視点で採用している、ということでした。実際、大田区を走る区間の非常口は東京都の社宅を利用しています。

ある程度の面積の民地の確保が困難だということなのかもしれませんが、住民間で賛否の分かれるリニアについて、全体の奉仕者である東京都が非常口を提供していて、支援の立場になっているのだなあと感じたのを覚えています。

もう一つ確認したかったのが、耐震性の問題です。採用した基準は、東日本大震災以前の基準であり、新基準にはなっていないという説明でした。

そこで、「今後基準が変わる可能性があるのか」、「変わった場合、環境影響評価方法は変わる可能性があるのか、評価をやり直すのか」と伺ったところ、基準が変わったとしても影響は大きくなく、環境影響評価はやり直さない、という回答でした。

また、説明を受けて驚いたのが、磁気の強さでした。

電車内は、車体が磁気から守るようになっていて、ホーム内も線路とホームを隔てる壁が磁気を遮断するしくみになっています。問題は、乗降時ですが、飛行機からの乗り降りの際に機体と空港ビルをつなぐボーディング・ブリッジのようなものが設置され、磁気から乗客を守るしくみになっているそうです。

二〇一一年といえば、東日本大震災の直後で、地下トンネルを走行中に地震が起きた場合、安全を確保できるのか、非常に心配でした。

二〇一四年二月二十五日に行われた東京都の環境アセスメントの公聴会で発言することに決めた

のも、先の説明会で安心できるどころか、不安が大きくなっていたからです。

公聴会で発言すると決めたことで、環境影響評価の意義についてあらためて確認することができましたし、東京都からJR東海の「環境影響評価準備書」が送られてきたので、リニア中央新幹線事業が及ぼす環境への影響にJR東海がどう対応するのかも、知ることができました。

環境影響評価法は、規模が大きくて環境への影響が非常に大きいものについて、（1）「あらかじめ環境影響評価を行うこと」が大切だから、（2）事業に係る環境の保全について、将来にわたり健康で文化的な生活が営めるように作られた法律です。

環境影響評価をする事業というのは、規模が大きくて環境への負荷が非常に大きいものだということです。

しかも、事業に係る環境の保全について、始まる時だけでなく、「将来にわたり健康で文化的な生活が営めるよう」に作られている法律ですから、「将来にわたる影響」をどう予測し、仮にその影響が出た場合に、どう対応するかがとても重要になると思います。

ところが、出された環境影響評価準備書は、予想される環境影響について、「関係法令に基づき適切に処理・処分する」にとどまり、具体的な量など数値、場所、方策とそれに伴う環境影響回避の程度などについて示されていませんでした。

「関係法令に基づき適切に処理・処分する」のは当たり前で、誰にでも書けることです。

過密した都市の地下、それもこれまで経験したことのない大深度地下にトンネルを掘って作る鉄道なのに、環境影響を確実に防げる技術はあるのかが心配で、公聴会で指摘してきました。

その後、二〇一九年に、リニアと同じシールド工法による、トンネル工事で外環道の陥没事故が起き、リニアの工事の安全性への不安と疑問が一気に高まりました。

私も、陥没したりや洗足池の水が枯れたりするのではないかと問題を指摘してきましたが、その一部が、大変残念なことに現実のものになってしまったのです。

リニアの工事は、大深度地下法に基づき認可を得て工事をしていますが、その前提には、支持地盤が固ければ大丈夫という認識がありました。問題ないはずの固い支持地盤でも、事故を招き、大丈夫ではなかったのです。

外環道の事故後に、実は、二つの調査が行われています。一つは、第三者委員会が住宅地での陥没について行った調査で、事故の原因を特殊な地盤と施工管理としています。

もう一つが、入間川の下水管の剥離と陥没で、こちらの調査は、不思議なことに第三者委員会ではなく、東京都建設局と事故を起こした東日本道路が行っています。こちらの調査はシールド施工の影響という因果関係は認めていますが、原因には触れていません。入間川の下水管の「モルタル剥離は経年劣化による損傷と考えられる」としていますが、誰が考えたのか、主語も不明です。

こうした外環道の事故を受けて、JR東海が説明会を行っています。外環道の陥没事故が起きる前に、周辺住民から、低周波の影響と思われる被害を訴える声が複数あがっていて、事故後、地元住民とNPO法人市民科学研究室とが調査を行っています。説明会でも、低周波への質問が出て、それに対し、「シールドマシンで掘削していると若干振動が出る。地中を振動として伝播して、それが皆様のお宅や杭の基礎を揺らす」、「振動を抑えようと考えている」とJR東海は、振動が上部に伝わると認める説明をしています。これと合わせて外環道の調査結果をみると、掘削に伴う振動が、下水管他地下構造物や地表面に影響し、今回の事故が起きた可能性を示しているように思います。

大深度地下が固いことを証明しても、そこを掘って振動が地中から地表に伝わる間に、下水管や、地質によっては地表に影響するということで、盛土や切土、比較的新しい時代の土砂が堆積している区域など、地表地盤に関する調査が十分でなければ事故は防げない。すなわち、地下構造物、インフラや大深度地下トンネルとの位置関係がわからなければ、事故は防げないということだと思います。このことが入間川の下水管の沈下や剥離にも関係しているのだと思いますが、そこを東日本道路は有識者委員会に調査させず、放置したままなのです。

私が大田区の資料を調べたら、大田区が、一九七〇（昭和四十五）年三月、地震対策のために東京都土木技術研究所に「表層及び浅層の地盤地質構成を明らかにすることを主眼にした調査」を依頼した報告書を見つけました。

この報告書には、次のような指摘がありました。

- 震害における地盤災害の点から見ると、表層地盤の詳細な検討が必要である。
- 地盤災害による被害は、大構造物よりも、木造家屋、道路、ガス・水道等の地下埋設に対して影響が著しいことは従来の震害例が示している。
- 表層地盤はよりきめの細かい調査が必要で、この地盤は、人工的な埋め立て土が広く分布し、著しく手が加わり変わっている。

ここでは地震ですが、いずれにしても、「振動が伝わる表層地盤の調査が必要で、そこには人工的な埋め立て土があるなど手が加わっているからより細かく調査する必要がある。被害は木造家屋、道路、ガス・水道等の地下埋設に対して影響が著しいことは、過去の事例が示している」と言っているのです。

外環道の事故があった調布市つつじが丘はかつて造成された地域だったことが、調査報告書の「当該地造成時などにおいて人工的に掘削された可能性があるエリアであることを確認した」という記載からも明らかになっています。リニアが通る大田区の北部は、「台地と台地の間の人工的な盛土などの下」の地盤災害がやや大きいと、かつての東京都の調査報告書に書かれていましたから、リスクがあることを認識し、今後の工事をどうするか考えなければならないと思います。

過去の調査報告書でリスクが指摘されていたにもかかわらず、事前の環境影響調査の中で、過去の調査が活かされていないことは非常に残念です。

こうしたシールドトンネル工事に伴うリスクについて、過去の調査や事例に学んでいないのか、この計画には本当に無理があるように感じます。にもかかわらず、なぜ地下のトンネル工事が進むのか。それは、やはり「大深度地下使用法」(大深度地下法)という法律の存在が大きいと思います。

大深度地下法

本来、土地の権利は、その上下にまで及びますから、地下をリニアが通るなら、その権利の補償をしなければなりません。

ところがリニアの計画は、今日まで事前補償なく進んでいます。なぜなら、大深度地下法が、土地の地下深くの「使っていないところ」を公共の利益になる事業であれば事前補償なく使ってもよいと決めたからです。

そもそも財産権は憲法第二十九条で守られ、侵してはならない私たちの権利です。ただ、公共のために土地の使用の権利を制限するというのは、これまでもなかったわけではありません。公共のために必要な場合、事前に正当な補償を行うことで私有財産を収用できることが土地収用法で定められています。この土地収用法の適用を除外するのが、大深度地下法です。

大深度地下法は、バブルのころに地価が異常に高騰して、地上部でのライフラインの用地確保が困難になったので、その代わりとして地下利用に注目したことから始まります。地上が過密なうえに、地下も過密になってきているから、「公共の利益となる事業だったら」地下深くの誰も使っていない所を使ってよいことにしようと決めた法律が、大深度地下法です。法律上、上下水道や鉄道がその事業の対象となっていることからも、公共の利益の意図するところがわかります。

この大深度地下法を使ったのがリニア中央新幹線です。

国鉄が民営化され、大阪市では鉄道局が民営化されるなど、かつて公が行っていた鉄道事業は、現在、その多くが民間の営利企業によって担われています。移動手段という公共性の高い事業が利潤を追求する事業者によって担われる時代において、公共性はどう考えるべきなのでしょうか。

一般に、「公益」と言った場合には、不特定多数の利益のことを言いますが、それが「公共の利益」となると、さらに厳しく、私利目的がないことや、特定のものへの優遇の禁止や、排他性のないことなどが求められます。

ところが、後ほど紹介する蒲蒲線（新空港線）などを見ていても、昨今、国や都道府県市区町村の施設整備費用への補助率が高くなっています。北海道の鉄道の廃線の事例などを耳にするたびに、鉄道事業における公共性と採算性の問題が頭に浮かびます。今でも十分移動できる鉄道網が網目のように張り巡らされている都市部では、高い補助率で新線が認可される一方、地方では生活に必要な鉄道が廃線となることで、地域の過疎化に拍車がかかっています。

大深度地下法が成立する一年前、一九九九年に鉄道事業法の第五条が改正されていました。

かつての鉄道事業法は、（1）事業をはじめるにあたって、輸送需要に対し適切なものであること、（2）輸送需要と供給のバランスがとれていることが免許の基準でしたが、これらが削除されました。

鉄道は、これらの法文により、その公共性に基づき、必要量に見合った整備が行われていたのだと思います。ちなみに今の鉄道事業の許可基準は、「経営上適切なもの」に変わっています。

これは、鉄道事業の基準が、国民の移動の権利に基づく需要があるかどうかではなく、利潤を追求する民間事業者の経営上適切かどうかの判断になってしまった、という風には読めないでしょうか。

こうした見方が、私のひとりよがりな考えでないことが、政府公報『時の動き』二〇〇〇年七月号に掲載されている大深度地下利用法の特集記事からもわかります。当時の国土庁大都市圏整備局長が、大深度地下法成立の背景や趣旨や意図について詳しく説明しています。

通常のインフラ整備における用地取得は、地権者との合意を前提として行われますが、それだと、一人一人の地権者を探し当て、個別に同意を得ることが前提となり、土地一筆ごとの土地調書作成も義務付けられているので、非常に手間暇がかかると書かれています。しかも、任意買収に応じてもらえなければ、土地収用の手続きをとらなければいけませんが、これも非常に時間がかかります。そこで、「国民の権利保護に注意して」、「円滑に利用するため」、つまりは手っ取り早く地下利用できるためのルールを確立する必要があるということで、検討の上成立したのがこの大深度地下法なのだそうです。

だからこそ、そこまでして行う事業の公共性が非常に重要だと思いますが、その視点がこの鉄道事業法第五条の改正によって見えなくなってしまいました。

私は、私益を追求する営利企業に公共を担わせるべきではないし、担わせるなら一定の要件を課すべきと考えています。投資資本に対する利益率は何パーセントまでとするなど、目安を明らかにすべきだと思います。ここを不問にすれば、公共の利益と私益との違いがなくなり、大深度地下法の前提が大きく崩れます。

『時の動き』は、大深度地下利用法は、都市部の社会資本整備における用地取得の問題をクリアするとともに、建設コストを抑えるメリットがあると言っています。建設コストは一割程度抑制できて土地代も不要、しかも時間がかからないというのです。これは一体誰にとってのメリットでしょうか。

しかも、リニア中央新幹線への財政投融資三兆円は、名古屋―大阪間を含めた全線開業を最大八年前倒しすることを目的に投じられましたが、二〇一七年に融資が執行されて以降、工事は早まるどころか、外環道の陥没事故の影響だけでなく、沿線各地で遅れが出ています。

外環道の陥没事故を受け、リニア始発の品川からトンネルを掘る前に、JR東海は、安全確認のための調査の工事（調査掘進）を始めました。ところが、二〇二二年三月三十日までに完了するはずが、その三月三十日の時点で、予定調査区間の三分の一までしか進んでいませんでした。JR東海に理由の説明を求めに行きましたが、ただ遅れていると言うだけで、理由について一切説明していただけませんでした。二〇二三年一月、JR東海が説明会を開いたので聞きに行ったところ、シールドマシンが故障して工事が止まっているという説明を受けました。

二〇二二年初旬には、掘る効率が悪くなっていたということですから、機械の調子が悪くなってから、一年近く経つのにまだ故障も直っていないというのは、のんびりしていると思います。

しかも、二〇二二年はじめに調子が悪いとわかっていたというのですから、私が説明を聞きに行った時は、すでに工事も止まっていましたから、機械に不具合があるとわかっていたはずです。のんびりしているだけでなく、マイナス要素を積極的に解明し、説明しようという意識に欠けていて、リスク管理に関して大いに不安を感じます。

そもそも、リニア中央新幹線は、大阪までの路線の早期完成を目指すという理由で国から三兆円の財政投融資を受けているのに、本気で早期開通を目指しているのでしょうか。

法律の基準を満たしているから大丈夫、ということで始まったリニア中央新幹線ですが、外環道の事故を契機に安全性について、その後の新型コロナなどによる人口減少・労働人口減少など、リニア事業そのものについて疑問視する声が大きくなっています。経緯をふり返れば、それまで法が担保してきた住民の安全や公共交通の意義といった本質的な部分が、二〇〇〇年前後に行われた法改正で骨抜きになっている、という問題にたどり着くのです。

羽田空港飛行ルート変更問題

過去の歴史的経緯を知り、守ることの大切さを、身をもって感じたのが羽田空港飛行ルート変更問題です。

大田区には羽田空港があり、空港の問題を取り扱う羽田空港対策特別委員会が設置されています。そのくらい、空港は区民生活に大きな影響を及ぼす重要な施設です。

この羽田空港に関わり、長年とってきた飛行経路を変える案が二〇一四（平成二十六）年六月大田区議会で報告されました。豊かな暮らしのために羽田空港を離発着する便数を増やす。そのために、当時の「海から入って、海へ出る」という飛行方法を変え、都心内陸低空飛行を始めるというのです。

羽田空港には、四つの滑走路が井桁のように配置されていて、それぞれA、B、C、D滑走路と呼ばれています。増便のために、南風時と北風時、それぞれ飛び方を変えて、具体的には、（1）都心上空を飛んで池袋方面から南に向かって、A、C滑走路に着陸するルート（南風時）と、（2）

B滑走路を南西の川崎方面に離陸するルート（南風時）、そして、（3）C滑走路を北向きに離陸し、それまでは千葉方面に飛ぶ間に高度を確保し北上していたところを、その手前から低い高度で都内上空を北上するルート（北風時）の、三つの大きな変更があげられました。南風時のルートは午後三時から七時のうち三時間程度で運用するとしていて、このルートの確保によって一時間当たり最大四四機が着陸可能になり、北風離陸時も含めると一日当たりの発着枠を五〇便増やせるということです。

都心を低空で飛ぶ飛行機を見て、はじめて驚かれた方も多かったように、このルートが始まるまで、東京の空を低空で飛行機が飛ぶことはなかったのです。

それは、大田区と羽田空港の長い歴史的な経緯の中、区民が大田区や東京都とともに「海から入って、海へ出る」、「モノレールより陸域は飛ばない」、「都心は高度九〇〇〇フィートを確保する」などの飛行原則を勝ち取ってきたからです。

大田区は、空港があることで、戦前の一九三八年には、東京飛行場（現在の羽田空港）から飛び立った「日本飛行学校」の練習機と「日本航空輸送」の輸送機が大森上空で接触し、市街地に墜ちるという事故も経験しています。戦前最大の飛行機事故と言われ、練習機では四名、輸送機では四五名が死亡し、一〇六名が負傷しています。

敗戦でGHQに接収された際、空港だけでなく羽田江戸見町、羽田穴森町、羽田鈴木町の三町に住む周辺住民に、強制退去が命じられます。当初は十二時間以内に退去と言われ、住民の訴えにより延長されたものの、四十八時間以内に二百世帯、約三千人が、出ていかなければなりませんでした。新しい住居も用意されず、頼れる親せきや知り合いのいない方たちは、神社や橋の下での生活を強いられたと聞いています。

占領期が終わると、空港は日本政府に返還されましたが、土地が住民の手に戻ってきたわけではありませんでした。羽田空港跡地問題でも取り上げましたが、大田区が、土地を取得した理由にこうした経緯をあげていました。

その後、高度経済成長による発着便数の増加に伴い、航空機騒音被害が深刻になって、騒音に悩む住民は大田区議会、大田区を動かし、大きな運動を展開します。大田区議会は、そうした住民の声を受けて、「安全と騒音が守られない限り空港の撤去を求める」という空港撤去決議までしています。

こうした住民の要望に応えるかたちで、空港の沖合移転が実現します。この時、東京都知事は、空港の羽田沖への移転を前提に地元を含めた話し合いの場を設けてほしいと国との間を取り持ち、一九五二年八月、運輸省、東京都及び地元区で構成する「羽田空港移転問題協議会」（以下、「三者協議会」）が発足しました。

一九八四年の『運輸白書』には、「地元要望と調和した沖合展開」という表題がつけられているように、区民の要望があり、こうした経緯があったからこそ、運輸省は、一九八六年発行の羽田空港の沖合展開事業のパンフレットに「騒音問題の解消」と記し、「懸案の騒音問題、答えは音の沖合移転です」とまで書いているのです。

羽田空港沖合移転という空港そのものを移転させるために莫大な税負担を伴う公共事業が、多くの大田区民をはじめとして国民に支持されたのも、羽田空港にかかわる大田区民の置かれている状況を大田区と大田区議会とが十分に理解し、その環境改善のために努力を惜しまなかったからです。そうした努力があったからこそ、戦前戦後を通して空港周辺の住民が置かれていた境遇と立場について、大田区のみならず、東京都と都民、当時の運輸省と国民の共感を得て、羽田空港沖合移転事業が成立したわけです。これは当時の記録が示す歴史的事実です。

それが、「豊かな暮らし」という極めて抽象的な目的のために、歴史的な経緯が反故にされてしまいました。

大田区の説明する経済は、「クールジャパン、成長戦略、外国との交流・連携、アジアを中心とした海外の活力」など言葉は立派ですが、区民の生活はそこには見当たりません。

実際、増便に関する詳細から、国が予測する乗客数と発着回数から一機当たりの乗客数を割り出すと、増便の背景には機種の小型化という航空会社の経営効率の側面が見えてきます。同時に、国の国産小型航空機販売戦略や増えすぎてしまった地方空港の事情も関係している、と指摘する専門家もいます。

住民のメリットが見えてこない増便について、問題点は多くあげられます。

騒音の問題は、説明しなくても明らかですが、落下物も心配です。航空機が着陸のために車輪を出す際に、部品や機体に付着した氷が落下するリスクがあります。落下物の問題は、私の知り合いの成田市議から情報提供を得て、発信するようになりました。成田開港以来、努力し、海上で車輪を下すなどしても依然、年数回の落下物の報告があるそうです。

新ルート下は東京都心部で非常に密集しており、海上のように車輪を下して大丈夫な場所はありません。長時間気温の低い高度を飛ぶ国際線の方が氷着の可能性が高いと言われており、新ルートは国際線の増便のためですので、心配です。新ルートが使われてから、二〇二二年三月には、渋谷区のテニスコートに飛行機からの氷塊と思われる落下物も確認されています。

そもそも、国内線は羽田、国際線は成田というすみわけがありました。それが、二〇〇三年一月に七都県市の首長による「第一回羽田空港再拡張事業に関する協議会」が発足し、ここで新たな滑走路の増設の議論が始まりました。その後、二〇〇八年の北京オリンピックの際にチャーター便が飛んだことで再国際化が既成事実化し、新たなD滑走路ができたときには、再国際化が当たり前のように受け入れられていたかと思います。

私自身、二〇〇八年から二〇一〇年当時、なぜ、羽田と成田のすみわけについて議論できなかったのか、悔やまれます。

大気汚染の問題もあります。B滑走路の南西離陸は、石油コンビナートの上空を飛ぶので、そのリスクもあります。

海外でも行われていると説明される市街地上空飛行ですが、飛行機事故は、一般的に離陸後三分、着陸後八分間に多いと言われています。世界各国の飛行場がその外側に草地や海などの緩衝帯を設けているのはそのためです。

しかし、羽田空港の場合、空港のすぐ隣に、大田区羽田などの市街地が広がっています。異なった環境を例に、海外でもやっているから大丈夫という理屈は、特に海外では何をどう行っているのか、海外での状況を確認しにくいため、なんとなくそれを信じてしまい、根拠としてあげるのは問題だと思います。

現在、新ルートを固定化させない検討が始まっています。同じところを飛ぶより、いろいろなところを飛べば、騒音影響が小さくなるという発想だと思います。日本の環境政策において、「希釈」という、生活環境に及ぼす影響そのものを減らすのではなく、「薄める」考え方がよく見られます。

ところが、そうした提案を別の面から見ると違った問題が浮上します。

たとえば騒音軽減について、離陸開始地点を一〇〇メートル手前にすると、早く高く飛べるのでその分騒音が軽減できると説明しています。ところが、一〇〇メートル手前に飛ぶということは、滑走距離を長く確保できるため、大型機の離陸を可能にします。

たとえばGPS等を利用して着陸の際に機械管制にすることで、旋回のカーブの進路を変え、より小さな半径で旋回できるようになると思われる表記もあります。また、この機械管制だと、対応機種が拡大すると説明されていますから、いずれ大型機が飛ぶのか、と危惧してしまいます。

かつて大田区では、ハミングバードと言って、早朝に三便、B滑走路を北向きに離陸し、急旋回して、南に飛行していました。こうしたルートが可能だったことと合わせて、このGPSによる機械管制が可能になると、騒音回避という名目ではありますが、都心の空をどこでも自由に飛べるようにする環境整備のように思えてきて心配です。

というのも、大田区は、国と締結していた覚書から、「神奈川都心北上ルートは設定しない」という文言を削除することを許してしまったからです。そのことに気づいて、私は大田区に「神奈川都心北上ルートは設定しない」という文言を残すべきだと主張しましたが、大田区は、国との一連の協議の中で確認している、二〇一九（令和元）年十一月二十二日付の国からの文書の中でそのようなルートは設定しないと明記されているから、と削除を許してしまいました。

ここで思い出すのは、最初の国交省の提案が、B滑走路の南西向き離陸の飛行経路が急旋回して川崎から大田区に北上していたことです。南西向き離陸で早期に旋回ルートが可能になると、将来北向き離陸も可能になるかもしれません。

これまで大田区は、空港立地自治体として、国と密な連絡を取りながら、問題があった場合には国に誠意を持った対応を求めるなど、羽田空港の運用に対する関与が認められてきた経緯があります。それは文書でも確認されていたことです。だからこそ、大田区議会は都内で唯一、羽田空港対策特別委員会を設置し、ほぼ毎月羽田空港に関する問題を取り扱ってきたのです。これは、前述した長い歴史的経緯による積み重ねの上で、先人を含めた私たち区民が獲得したものです。結果、大田区は、国交省も認める通り、空港立地自治体として知見を蓄積してきました。

飛行ルート変更後は空港から離発着するなど航空機の影響を多くの自治体は受けているのですから、国と密な連絡をとりながら、航空行政に取り組むことが大田区のみならず、飛行経路下の自治体（例えば品川区、川崎市、渋谷区、港区、新宿区、港区ほかの他自治体）にも担保されなければならないと思います。

二〇一九年八月八日の国交大臣の会見で、記者に更なるルート拡大について聞かれたとき、大臣は「白紙」と答えています。

「神奈川都心北上ルートは設定しない」という文言は、いまの飛び方では、それなりに有効かもしれませんが、固定化しないままGPS管制に変わったら、神奈川都心北上ルートがとられるかもしれません。

法令やルールは、将来無力にならないよう、現在を縛るとともに、将来の安全も担保できるよう作っていくべきだと思います。覚書からはずしてしまったことは、返す返すも残念です。

国からの情報提供も、誠意ある対応も、大田区の関与も認められなくなれば、航空行政に関わる地方自治が失われることに等しいのではないでしょうか。いまは、毎月の情報提供は行われていますが、ルートを固定化させない検討の意味などについての情報提供は不十分だと思います。

羽田空港飛行ルート変更に関わり、大田区に限らず地域住民に呼びかけ、多くの住民が動きました。議会で意見書を可決したり、選挙で新ルートが公約に掲げられるなど、住民の関心も高かったと思います。それでも、国も大田区も動かすことができず、新ルートは始まってしまいました。

地方分権の時代になってから、かえって地方では、住民の声を代表する力が削がれてきたように感じます。住民の動きがまだ足りないというのでしょうか。今も、訴訟を含め住民の動きは止みません。あきらめることなく、声を上げ続けていきたいと思います。

東京の西側には、横田基地の米軍が管制する空域があります。いわゆる「横田の空域」です。

羽田空港の新ルート問題に取り組んでいると、この「横田の空域」がなければ、新ルート問題は解決する、といった論調が見られます。

これまで大田区の羽田空港対策特別委員会で、横田の空域について報告があったのは、二〇〇八（平成二十）年九月からの横田の空域変更と、それに伴って羽田空港離陸便の飛び方が変わったときです。

大田区議会には、飛行時間が短縮され、燃料費が削減されたという経済効率の視点から報告が行われています。横田の空域削減は、外交上の問題ではなく、経済問題として扱われていたのです。当初は、横田空域の一部返還という風に外交上の問題のように扱われていましたが、最終的には「削減」という言葉に変わりました。

空域は、東京の西に高い壁のように立っています。羽田から離着陸する飛行機が、そこを通るには、空域の上を高く飛ばなければなりませんから、結果として、壁があることで都心の上を高く飛ぶことになっています。

仮に、空域がすべて返還されたなら、飛行時間を短縮し、燃料費を節約するために、もっと広い範囲で低く飛ぶようになるかもしれないのです。

私は、横田の空域という外交上の問題について、目の前の新飛行ルートの騒音問題などの対策だけのために、簡単に変えない方が良いと思っています。

飛行機をたくさん飛ばして利益を上げたい航空業界をはじめ関係者が複数いるとき、環境や安全を守りたい区民、市民は、誰に、何を求めていくのか、慎重に考えなければならないと思います。

蒲蒲線――新空港線にあらためて考える公共性とは

新空港線（蒲蒲線）は、東急蒲田駅と京急蒲田駅間の八〇〇メートルを鉄道でつなぎ、埼玉県から東急沿線を経由し羽田空港まで直通運転を目指している新線です。四十年くらい前から話は出ていましたが、二〇二二年六月、東京都の費用負担割合が合意され、十月には施設整備主体である第三セクターが設立されるなど、実現に向けて動き始めています。

二〇二二年度末で引退を表明した区長が、引退表明の前日、二〇二二（令和四）年十二月二十一日に新空港線「蒲蒲線」整備促進区民協議会で「鉄道と魅力的なまちづくり宣言」を行いました。この蒲蒲線とまちづくりを既成事実にしたかったのでしょう。

ところが、この蒲蒲線がなければ暮らしや仕事が成り立たないほどに、鉄道整備を求めている人の姿は見えません。

新空港線を整備する根拠となる「都市鉄道等利便増進法」の第一条には「利用者の利便増進のため」と書かれています。ここでいう利便性とは「速達性」、つまり速く着くということを意味しています。

とすれば、今のままで十分便利だ、これ以上速く着かなくて構わないと思っている人にとって、蒲蒲線は要らない、ということになるかと思います。

川越から羽田空港まで七分短縮、池袋から八分短縮、自由が丘から二十分短縮、多摩川から十四分短縮となり、今よりも速く着くようになると書かれています。

便利になるのは悪くないけれど、十四分の時間短縮のために、区民の税金をいくら使うべきかという問いかけがそこにはありません。

大田区は、新空港線（蒲蒲線）を「ＪＲ・東急蒲田駅と京急蒲田駅の約八〇〇メートルを鉄道で結ぶことにより、区内の東西交通の移動利便性が向上するとともに、沿線まちづくりを併せて進めることで地域の活性化に寄与する」とＨＰで説明しています。

では、その東急蒲田駅と京急蒲田駅間の約八〇〇メートルを結ぶのに一体いくらかかるかと言えば、一期整備だけで一三六〇億円がかかるという試算を区は公表しています。これは、新型コロナや物価高騰の前の試算ですから、さらに数字はふくらみます。

都市鉄道等利便増進法は、鉄道整備の費用負担の責任を鉄道事業者ではなく、第三セクターなどに負わせるしくみなので、一三六〇億円の工事費のうち、約三三パーセントは国が、約二三パーセントは大田区が、約一〇パーセントは東京都が、四パーセントを出資金として大田区が、約三パーセントを出資金として東急が負担し、残りを約二六パーセントを借入金として第三セクターが返済することになります。

一期整備総額一三六〇億円のうち約三六六億円、区民の税金を使うべきか。国都区の税金を九五二億円も使うべきかという問題です。

たとえ、多摩川から羽田空港まで十四分速く着くようになったとしても、蒲蒲線は地下を走りますから、東急蒲田駅で降りてＪＲ蒲田駅に乗り換える区民をはじめ、乗降客には不便になります。

「(仮称) 新空港線沿線まちづくり構想 (案)」には、「多摩川線のどの駅にも停車しないことがないように」、「現行の多摩川線の運航計画から大幅な変更がないよう運行本数などの運航計画にも配慮し」、と書かれていますから、大田区も、新空港線が多摩川線の駅に停まる確証のないことや、ダイヤが変わって本数が減る可能性があることをわかっているということです。

これまで、多摩川以外の多摩川線沿線の駅が羽田空港まで早く着くことは一度も示されていませんし、川越や池袋から来る人にとって、多摩川線沿線に停まると、逆に時間がかかりますから、多くの区民の利便性を考えたしくみではないと思います。

しかも、埼玉から羽田空港までの時間は、二期整備を行わない、蒲蒲線蒲田から、六分二十秒かけて京急蒲田に乗り換え、京急空港線で羽田空港に行くルートで計算しています。

東急と京急をつなぐと簡単に言いますが、実は二つの鉄道は、線路の幅が違います。直通運転にするには、フリーゲージトレインを実現するなど技術的に難しい問題を抱えています。線路幅の違う鉄道をつなぐということは、電車とホームの距離やトンネルの大きさ、電車がすれ違えるか、など、トンネルやホームの改築にも関わってきます。単なる線路と車輪幅の問題に留まらない問題なのです。

新空港線は、実際には、

・多摩川線の駅に停車せず、
・多摩川線のダイヤが変わり本数が減って、
・多摩川線沿線区民が不便になって、

・相互直通運転できないと知ったら、区民はがっかりして、新空港線（蒲蒲線）反対の声が大きくなるのではないでしょうか。

しかも、採算性が良いと一般に思われている蒲蒲線ですが、過去の大田区・大田区議会の議論では、蒲蒲線はそれまでの鉄道整備の地下鉄補助的な制度では採算が取れないという共通認識がありました。

これを解消できたのが、二〇〇五年施行の「都市鉄道等利便増進法」です。大田区は、「蒲蒲線の整備を一つのモデルケースとしてできた法律」だと委員会で説明しています。

「受益活用型上下分離方式」は、従来にはない画期的なもので、線路の建設コストは税と借入金で第三セクターが行います。

つまり、線路を持っていなくても、作らなくても、運営会社が電車を動かして利益を上げられるのが、上下分離方式だということです。

線路を作る第三セクターにとっても、税での補助率が六六パーセントと都市鉄道関係では最も手厚いだけでなく、トンネルに関わる固定資産税が非課税になるなど有利な方式です。

少し便利になる人もいるかもしれませんが、日常的に多摩川線を使う区民は不便になる可能性が高く、どうしても必要というわけでもありません。第三セクターが多額の税金を使って作った線路を、運営事業者が施設設備の資本費負担まで抱え込まずに、利益を上げられるのが蒲蒲線なのです。

リニア中央新幹線でも触れましたが、公共交通の公共性とはいったい何なのか、という問題にたどり着く事業だと思います。

そもそも鉄道事業は、大田区の仕事ではありません。私は蒲蒲線には反対ですが、大田区が新空港線をどうしても必要だと思うのなら、その事業の性質からいっても、都区の関係からいっても、東京都の大都市事務で行うべき事業です。

新空港線を名目に始まる「まちづくり構想」という土木建設工事

もう一つ気になるのが、新空港線の「まちづくり構想（案）」です。実際に構想から（案）が取れるのは、二〇二三年年度に入ってからです。現区長は引退を表明していますので、新しい区長に変わる頃だと思います。

この構想案を見ると、新空港線の経路ではない東急池上線や京急線、東京モノレールまで「沿線のまちづくり構想」の対象になっています。

都区の負担割合の合意のあと、区議会の冒頭に区長は、「新空港線の整備を契機とし、区全体がより一層魅力的なまちになるよう、蒲田など沿線のまちづくりに精力的に取り組んでまいります」と発言しています。

区長が何よりも一番やりたかったのは、蒲田など沿線のまちづくりだという本音が出たのが、この挨拶だったと思います。実際、新空港線「蒲蒲線」整備促進区民協議会で講演を行った日本大学教授・岸井隆幸氏は、鉄道事業者の収益モデルは、鉄道運行からまちづくりへと移行していると指摘しています。

そうした意味では、さほど速くなるわけでもなく、直通になるとも限らない、新空港線整備の目的は、鉄道を通すことではなく、一三六〇億円かけて鉄道を整備することと、このまちづくりなのかもしれません。

蒲蒲線（新空港線）によって区民は鉄道整備だけでなく、まちづくりでもさらに莫大な税負担を強いられることになります。

政治が叶える私たちの要望は、必ずと言っていいほど税の負担を伴います。

まちが便利になるのも、きれいになるのも、好ましいことだとは思いますが、誰かがその費用を負担しているということです。

私たちは、どれくらいの利便性や快適性の含まれている事業を、一体いくらの税負担で行うべきか、問わなければならない時代に入っているのではないでしょうか。

新型コロナ対策は本当に感染予防のためだったのか

新型コロナウイルス感染症の出現で、多くの区民がうつらないよう、うつさないよう自分と他者の命や健康を守るために、国や都道府県や大田区の様々な要請を受け入れています。そのことで、コロナの感染だけでなく、特措法や感染症法による自粛や、休校や、就労制限や、検査や入院やワクチン接種などが私たちの暮らしに大きな影響を与えています。

私は早い段階から、コロナ対策の問題について、人権の視点から取り組んできました。

コロナ対策が人権を過度に制限するのではないかという危惧は、二〇二〇年三月の時点で国連の専門家から指摘され、「国家は緊急対策を人権抑制のために濫用してはならない」、「全ての人は人命救助を受ける権利がある」という二つの声明が出されています。

ダイヤモンド・プリンセス号の連日の報道から、コロナの流行も一つの火事場だと感じたからです。

ところが、ダイヤモンド・プリンセス号の問題が起きる前の、ほとんどコロナのことが報道されていない一月末に、新型コロナウイルスは特定感染症に指定されていて、これまでにない「迅速な」対応だと感じました。

しかも、早い段階、国会の会議録では二〇二〇年四月、区議会では二〇二〇年五月には、「アフターコロナ」や「ウィズコロナ」と議員が発言し始めます。コロナで社会を変える、変えた社会は元に戻らない、戻さない、という印象を受けました。

結果として、何が起きているかと言えば、

・やりたかったけれども、通常ではできないことをやり、
・やらなければならないけれども、本音はやりたくないことをやらず、
・これらをコロナで正当化している、

ということに気づきました。

これはコロナという火事場に乗じていないでしょうか。

大田区では、コロナウイルスの感染防止を名目に、住民説明会を開かない一方で、包括連携協定

や公民連携の下に企業と情報を共有しながら課題解決（つまりは政策立案）まで一緒に行うようになっています。区民に十分説明せず、意見も聴かない一方、企業に情報提供をしてともに課題解決に取り組むというのです。

中小企業対策にも問題があります。大田区議会の海外調査団が行ったジェトロ・デュッセルドルフとのズーム調査に参加し、日本と海外の中小企業へのコロナ対策との違いを学べました。

日本はドイツに比べ、中小企業が全企業に対して占める企業数、従業員数が、ともに割合が高く、国全体に与える中小企業の影響力は日本の方が大きいと言えるそうです。ところが、日本より中小企業の割合が小さなドイツでも、コロナ対策は、大企業には融資、中小企業へは規模に応じた給付金、借人支援が行われていて、手続きの煩雑さや、なかなか給付されないなど個別の不満の声はあるものの、ドイツの業界団体や経済研究所からは概ね支持する声が発表されているとのことです。大田区はコロナで売り上げが減っている事業者への支援策として、中小規模の事業者にもゼロ金利融資などを行っていますが、利子補給してもお金を貸しているだけなので、元本は返さなければなりません。

批判もあった飲食店への営業自粛と協力金について、大田区の産業構造から考えると別の問題が見えてきます。二〇一九年調査の大田区内付加価値額を産業別にみると、もっとも付加価値を生み出していた産業は、卸売り・小売り業で七三六三億円で、これは区内の全産業の二二・六パーセントにあたります。大田区は大田市場がありますから、飲食店の時短に伴う卸売り縮小が区内経済に及ぼす影響は見過ごせません。

仮に飲食店が協力金で支えられて数カ月をしのげたとしても、仲卸やおさめ屋さんの経営が悪化して、食材を調達できなくなれば、再開したとしても、同じ価格、同じメニューではやっていけなくなるかもしれません。市場や仲卸、おさめ屋さんなどが作る日本の流通のしくみによって、新鮮でおいしく、その割に安価に食材を調達できるから、割烹、寿司屋、居酒屋など、世界遺産にもなった日本の食文化が支えられているのです。

国は、飲食店以外の中小事業者へ最大六〇万円の一時金を決めましたが、赤字の規模と比較すれば、スズメの涙です。区民・国民の飲食業を守り、食や文化を守ろうとしていないことに憤りを覚えます。

デジタル化が一気に進んでいるのも、コロナの問題が後押ししている部分が大きいと思います。

デジタルマネーは、「不特定多数の人の手を渡るお金が感染源になるのではないか？」という気持ちに訴え進めようとしていますが、法定通貨とデジタルマネーでは、流通性（使える場面がデジタルマネーは限定的。今のところ、海外では使えないし外貨と交換することもできない）や補償（法定通貨の預金は、預金保険制度によって、万が一金融機関が破綻した場合に、預金者等の保護の視点などから一金融機関ごと元本一〇〇〇万円までと破綻日までの利息等が保護される）などに違いがあります。その違いについて触れずに、デジタル商品券や、マイナンバーカードを申請するとマイナポイントを付与するなど、行政がデジタルマネーへ誘導しているのは問題です。

スーパーシティや個人情報保護法などの改正の動きで書きましたが、マイナンバーを使って個人情報を番号管理することを可能にしていますから、デジタル化が進めばスーパーシティに認定された事業者はビッグデータに集約された情報を把握することが可能になります。マイナンバーカードを作るとマイナポイントというデジタルマネーが付与されますが、健康保険証や口座と紐づけるともらえるポイントが上乗せされるようにしているのは、個人情報に紐づけようとしているからでしょう。

テレワークも進みました。テレワークに移行すれば、サテライト・オフィスなどの活用も進み、労災の認定範囲をどうするかなど明確にしなければなりませんが、国は、法規制せず、労使間で決めるようにしています。組合への加入率も下がり、労働者の権利意識の低い人が増えているなか、労使間で決めることはほぼ不可能です。テレワークで事業者はオフィス面積を縮小し、コストを下げられますが、自宅でのネット環境や執務スペースの確保などへの金銭的負担を事業者側が必ずしも用意しないということも考えられます。本来、法を整備して労働者の権利を守るべきですが、労使間交渉にゆだね、国の法整備なく通勤時間が減るなど、テレワークの利点の一面だけを取り上げて進めていることも問題です。

医療関係の変化は特に今後の医療に大きな影響を及ぼすと思い心配です。

コロナの感染対策による診療控えなどで、二〇二〇年度の国民健康保険の保険給付費は二十三区全体で、五〇二億円の減になりました。ところが、翌年二〇二一年度は、手術などを控えていた分が上乗せされたり、診療控えによって重症化した方たちがいたのか、ここの原因ははっきりとは分かりませんが、激減した二〇二〇年に比べ、診療費が六〇四億円となり大幅な増になっています。

ただ、二〇二〇年度の反動で高い伸びですが、コロナ流行のなかった年度との比較では、通常の伸び率よりも低く、医療費・患者数はコロナ流行前の水準にすら戻っていない、と社会保障審議会医療保険部会で報告されています。

聴講している国際医療福祉大学大学院で耳にした厚生労働省課長の「コロナで落ち込んだ医療費減は、過去にないものであることから、どうなるかわからないというのが正直なところ。そうは言っても完全にコロナがなかった場合の水準まで戻るというのは少し考えにくいのではないか」という言葉を重く見るべきだと思います。

無駄な医療費は削減されるべきですが、医療はどうあるべきかの議論がすっぽりと抜け落ち、「接触を避ける」視点に特化した感染防止策が、結果として医療に大きな影響を及ぼし、医療のあり方まで変わってしまいそうです。日本が世界に誇る医療のフリーアクセスや、国民皆保険制度の前提が議論のなされないまま、コロナを機に変わろうとしています。「コロナだったから仕方がない」ですむ問題でしょうか。

二〇〇五年から二〇〇六年に開催された、「地球温暖化の感染症に係る影響に関する懇談会」の検討結果には、「人のウイルスの数ばかりではなく、住まいや生活様式や栄養・衛生状態も重要で、これらの条件がそろわないようにすることが感染症を防ぐことになる」といったことが書かれています。懇談会座長は国立感染症研究所ウイルス第一部部長ですし、メンバー十名のうち四名が国立感染症研究所の方です。

二〇〇六年に書かれた井上栄氏の『感染症』(中公新書)には、日本の生活に、手洗い、箸を使う、お風呂に入る、など、病原体がうつりにくい条件が組みこまれているという指摘があります。

隔離とワクチンとマスクばかりが感染症対策として目につきますが、日常生活からの感染防止をもっと大切にすべきだと思います。大田区の健康福祉委員会でも繰り返し発言しましたが、取り組みが弱いと感じました。

二十年の間に日本の感染症対策は変わってしまったのでしょうか。

日本でダイアモンド・プリンセス号の問題が発生する前、二〇二〇年一月末、中国・武漢での流行という海外の状況がセンセーショナルな報道で伝わってくる頃に、国は新型コロナウイルスを特定感染症に指定しています。一方で、今、海外では誰もマスクをしていないそうですが、国内は何も変わっていません。行政は何を根拠に動いているのでしょう。

二〇二一年に大田区教育委員会に、感染の状況をみながら、コロナ対策をコロナ前の平常時に戻すことを求める請願が出されましたが、審議すらされませんでした。

井上栄氏の『感染症』にはこうも書かれています。「清潔な行動によってすべての病原体を絶やすことは不可能で、病原体を全滅させることは、また、別の問題を引き起こす、ほどほどがよいのである」。

おわりに

自治体からみた小泉構造改革と新自由主義

こうして、これまで取り組んできたことをふり返ると、初当選した二〇〇三年から今日まで、その多くが新自由主義的政策の問題だったことが見えてきます。

二〇〇三年頃と言えば、ちょうど、小泉構造改革による新自由主義的政策が動き始めた時だったのです。

国は、省庁再編でこの国の統治機構を変えて、経済のためにお金が回るようにしてしまいました。民営化で公共分野を民間開放して担い手を営利企業に変え、営利企業は公共分野に新規参入して莫大な投資利益を得ています。地方分権で、国と地方の財政負担の割合を変えたことで、区民の税負担が大幅に増え、その財源が社会保障ではなく、民間事業者に使われるようになっています。

国の公共事業は減ったと言われていますが、蒲蒲線や羽田空港跡地開発など、その分、地方自治体の財源が民間企業に流れるしくみができています。しかも、蒲蒲線は、土地は大田区ですが、鉄道施設の所有者は第三セクターなので公共事業にはなりませんし、羽田空港跡地開発も土地は大田区のものですが、建物は民間企業体が建設しますから公共事業ではありません。同じように区民が負担しながら、財政上見えない費用が増えてきています。統計上公共事業が減っても、私たちの負担が減っているわけではないということです。

大田区の税務概要をみると、二〇〇三年から二〇二〇年の間に、リーマンショックもあって、働く人が増え、納税義務者数は、一・二八倍。住民税収は、五二六億円から七三五億円へと一・三九倍。納税義務者数以上に税収が増えていて、それだけ区民の負担が大きくなっていることがわかります。ふるさと納税は、大田区の住民税収が他自治体に払われるしくみで減税されているわけではありません。ふるさと納税の分も考えれば、さらに区民負担は重いことがわかります。

この間、収入はあまり増えていませんから手取りが大幅に減った区民が多いということです。国交省の東京一極集中の調査をみると東京は物価が高いため、収入から税や社会保険料を引いき、食費・光熱水費・住居費など基礎支出を引いた手取りは、都道府県中四十二位で、下から数えた方が早くなります。

それらを社会保障に使わず、羽田空港跡地や学校複合化や田園調布せせらぎ公園……などの開発に使ってきましたが、それでも余って積み立てられている基金は、二〇二一年度末で一二〇〇億円を超えています。それらを今度は蒲蒲線などのまちづくりに使おうとしているのです。

地方分権は「住民に身近な自治体が生活課題を解決するため」に始まり、権限・財源は大田区まではおりてきましたが、権限を使っているのは、予算を編成する区長や行政内部で、区民は、主権者でありながら、その意見を区政に十分反映させることができていないのです。

国のひも付き財源が批判されて始まった地方分権ですが、小泉構造改革以降、国のひも付き財源が大幅に増えているのも特徴です。

国の権限も依然大きいうえ、区も国も住民福祉拡充の視点で施策施行を決めるのではなく、経済や投資の視点で事業執行されるのも問題だと思います。

大田区は、この基金で超長期の二十年物の国債などを買って運用すると言い始めていますが、調べてみたら、大田区だけでなく、国債など債券を買って運用している自治体は、ほかにもありました。さらに調べると、基金が積み上がっているのは、大田区だけのことではなく、総務省が行っている地方財政状況調査の二〇二〇年度末現在で、全国の都道府県、市区町村を合わせると約二二兆円にもなっています。これは、小泉構造改革の地方分権で三位一体の改革が行われた頃から、右肩上がりで増えています。

小泉構造改革以降、住民税の定率化、扶養控除、配偶者控除などの廃止や見直し、基礎控除の増額、その前には定率減税の廃止があり、消費税の増税も二回行われました。私たちは地方自治体に税金を払い過ぎてきたのです。

この原稿を書いている二〇二三年一月の国会では、防衛費一兆円の増税の議論が行われています。

国は、一兆円足りないから増税と言っていますが、地方には二二兆円税金が積まれているのに、減税の議論は起きません。

そうして貯めてきた基金と言われる自治体の貯金が、蒲蒲線や蒲蒲線のまちづくりのための財源になるのです。

「新自由主義」は市場や競争に任せればうまく行くという考え方ですが、実際は、事業者が事業を担えるよう、保育園を民営化したら補助金を出すと言って民営化へ誘導したり、都市鉄道等利便増進法を作って補助率を高めたりと優遇策を用意して進んできました。

東日本大震災、新型コロナなど、社会が浮足立っているときに十分な議論なく災害がれきの広域処理を進め、デジタル化を進めるなどしていますが、有識者ヒアリングに残っているように、まさに火事場に乗じているように見えます。

フェアな民主主義

議員になって思うのは、情報がとても大切だということです。

情報の経済利用は進み、意思決定における判断材料としても大切ですし、住民が情報を得ることで、政治の問題や課題を知り、良くしていくことができます。情報がなければ、現状が「良いこと」にされて、私たちは、何をどう良くすればよいかもわかりません。

二〇一七年の『情報通信白書』には、「人が通信の主役ではなくなり、機械間通信（M2M）が中心となる。これら一連の変化が第四次産業革命である」と書かれています。

人が通信の主役と言っても、コンピュータにデータを入力するのも、データ抽出のアルゴリズムを決めるのも人間で、そこには誰かの意向が反映されているはずです。機械間通信が主役になれば、誰かの意向が見えにくくなり、権力が固定化される日が来るのではないかと心配です。

一方で、集めたデータには、個人の好みや考え方も含まれます。アマゾンで購入した本、ユーチューブで見た動画、図書館で借りた本、ネット予約で参加した集会、メールやラインでのやり取り、監視カメラも増えていますから、行った場所から誰と一緒だったか、まで筒抜けになる日が来るかもしれません。電子投票になれば、政治的な考え方まで、「やろうと思えば」把握することが可能な時代です。

私たちの今の暮らしは、自然にそうなったのではなく、政治が一つひとつ意思決定をしながら積み上げてきた結果です。

ここからどこへ向かうのかもまた、一つひとつ選んでいくことができるはずです。

ところが、それさえ難しくなりそうな気配があります。私たちの声が政治に届きにくいだけでなく、少しずつ、民主主義の手続きが形骸化し、私たちが選挙で選んだ議員の権限が小さくなってきているようにも感じます。

奇しくも、昨年（二〇二二年）一月に、岸田文雄首相はダボス会議でこう発言しています。

「監視なき権力集中をもたらす国家資本主義」は社会変革を行なう上では効率的であるとの指

摘もあります。しかしながら、チェック機構を欠く国家資本主義は、国内外で大きな副作用を伴う行動をするリスクが高いことは歴史が示すところです。（傍点は引用者による）

この発言は、次のようには読めないでしょうか。

（国民からの）監視のない国家資本主義は社会変革を行なう上では効率的だが、（国民の言動を）チェックする仕組みのない国家資本主義は、副作用を伴う行動をするリスクが高い。

「副作用を伴う行動をするリスク」は、《produces problems such as social tensions》と英訳されていました。そして社会的な緊張などの問題を引き起こすという意味です。

私たちは、日本国憲法による主権者として位置づけられています。

しかし、その主権を使うか使わないかは、私たちの言動にかかっていると思います。

主権があっても使わなければ、主権はないのと等しい状態です。

主権があっても、使わずにいると、気づいたらその主権は使いたくても使えないようになってしまうかもしれません。

私にできることは、これまで行ってきたように、意思決定の場で、発言し続けること。そして、私が知りえた情報をみなさんにお伝えし、みなさんの意思決定の判断材料として役立てていただくことです。

私が、そして誰かが発言し続けている、ということは、この国の民主主義がまだ機能していて、さらにフェアな民主主義になっていく可能性を持っているということだと思います。

どこかでまた目にかかかれる日を楽しみにしています。

著者について――

奈須りえ（なすりえ）　一九六一年、東京都生まれ。大田区議会議員、市民政策アナリスト。青山学院大学卒業。夫の転勤に伴い香港在住後、二〇〇三年に大田区議会初当選。現在、五期目。国家戦略特区、リニア中央新幹線、羽田空港飛行ルート変更、増税、ＴＰＰなど、国の税制やしくみが地域住民の生活に及ぼす影響についていち早く発言・発信している。著書に、『徹底解剖　国家戦略特区』（共著、コモンズ、二〇一四）、『やっぱりあきらめられない民主主義』（共著、水声社、二〇一六）がある。

フェアな民主主義へ——地方自治のリアル

二〇二三年二月二〇日第一版第一刷印刷　二〇二三年三月一日第一版第一刷発行

著者——奈須りえ

装幀者——宗利淳一

発行者——鈴木宏

発行所——株式会社水声社

東京都文京区小石川二—七—五　郵便番号一一二—〇〇〇二
電話〇三—三八一八—六〇四〇　FAX〇三—三八一八—二四三七
［**編集部**］横浜市港北区新吉田東一—七七—一七　郵便番号二二三—〇〇五八
電話〇四五—七一七—五三五六　FAX〇四五—七一七—五三五七
郵便振替〇〇一八〇—四—六五四一〇〇
URL : http://www.suiseisha.net

印刷・製本——モリモト印刷

ISBN978-4-8010-0709-3

【水声社の本】

やっぱりあきらめられない民主主義

内田樹＋平川克美＋奈須りえ

昨今、なにかにつけて耳にする「民主主義」とは、そもそも一体どのようなものなのか。民主主義は、ほかの政体とどのように異なり、どのような働きを担い、そしてなぜ重要だと考えられているのか。こうした素朴な疑問に立ち返り、現代日本における民主主義の「実感」を、思想家・文筆家・政治家が探り当てる。これからの民主主義と付き合っていくための、民主主義「再」入門！

（四六判並製　一六三頁　一五〇〇円＋税）